党史研究专家详尽披露国家主席冤案的来龙去脉

刘少奇冤案始末

黄峥 著

九州出版社 JIUZHOUPRESS | 全国百佳图书出版单位

目录

前言

“文化大革命”中的刘少奇一案，是这场动乱中牵涉面最广、受害人职务最高、后果最为严重的案件，也是中国共产党历史上最大的冤案。

刘少奇是中国共产党第一代领导集体中的主要成员，长期担任党和国家的重要领导职务。“文化大革命”前，他任中共中央副主席、中华人民共和国主席，是仅次于毛泽东的中国第二号人物。抗日战争结束后的1945年8月，毛泽东亲赴重庆同蒋介石谈判，刘少奇在延安代理中共中央主席职务，主持全面工作。从那时起，党内就形成了一个惯例：在毛泽东外出期间，由刘少奇主持中共中央工作。1958年后，根据毛泽东的倡议，党中央领导分为一线、二线，毛泽东退居二线主要考虑重大问题，党政第一线的日常工作由刘少奇主持。毛泽东还曾不止一次地表示，刘少奇是他的接班人。

一个职务和地位如此之高的领导人，“文化大革命”开始后，被打成“反革命修正主义分子”“党内最大的走资本主义道路的当权派”，继而又被扣上“叛徒、内奸、工贼”的大帽子，最终被迫害致死，确实是一件令人震惊的事情，在国内外都引起了强烈的反响。

问题的严重性还远不止此。刘少奇的被打倒，不仅是作为他个人，而且作为“党内反革命修正主义集团的总头目”“资本主义复辟势力的总代表”“党内头号走资本主义道路的当权派”，因此株连到为数众多的领导干部、共产党员和社会各阶层群众。一大批党政军领导干部被诬为“刘少奇的代理人”“黑干将”“黑爪牙”，许多专家、教授和党外民主人士被诬为“刘少奇修正主义路线的社会基础”，无数普通党员被诬为“刘少奇的孝子贤孙”“刘修党员”，连千百万用功学习的青年学生，也被诬为“刘少奇修正主义路线的黑苗子”。全国各个行业的工作，都被诬陷为“刘少奇的黑线专政”。因刘少奇问题而受到株连、批判、打击、判刑的人难以数计，不少人被迫害致残致死。刘少奇一案株连人数之多、牵涉范围之广，在中国共产党的历史上是绝无仅有的。

1978年12月中共十一届三中全会以后，党恢复了实事求是的路线，彻底否定了“文化大革命”。1979年2月，中共中央决定由中央纪律检查委员会和中央组织部对刘少奇一案进行复查。经过复查工作人员的长时间严肃仔细的调查核实，证明原案的“根据”没有一项符合事实。1980年2月召开的中共十一届五中全会，作出了《关于为刘少奇同志平反的决议》，决定撤销中共八届十二中全会强加给刘少奇“叛徒、内奸、工贼”的罪名和把刘少奇“永远开除出党，撤销其党内外一切职务”的错误决议，撤销原审查报告，恢复刘少奇作为伟大的马克思主义者和无产阶级革命家、党和国家主要领导人之一的名誉，并对“文化大革命”中因刘少奇问题受株连造成的冤假错案进行平反。为刘少奇平反，表明中国共产党决心恢复实事求是的思想路线和传统作风，不是只说不做的表面文章，而是贯彻在党的一切实际行动当中的坚定不移的原则立场。

刘少奇冤案，现在已经成为历史。作为一个政治事件，它已经得到了公正的完满的解决；但作为一个历史现象，它还会继续成为史学家研究的对象，特别是为关心和研究“文化大革命”的人士所重视。

刘少奇冤案和“文化大革命”是紧密相连的。在某种意义上说，没有“文化大革命”，就不会有刘少奇冤案；而没有刘少奇冤案，也不成其为“文化大革命”。近年来，在关于“文化大革命”的论著和文艺作品中，有相当一部分涉及刘少奇案件。但据笔者所见，这些著作在事实方面有不少差错。有些所谓纪实文学作品往往凭想象虚构情节，使人真假莫辨，以致在群众中以讹传讹。而由于种种原因，至今尚没有一部完整叙述和研究这一事件的论著，应该说这是一件很遗憾的事。本书试图在这方面进行一些尝试，并努力做到史实准确、资料可靠、分析合理，以求教于研究界和各位读者。

一 「炮打司令部」

1 「文化大革命」的发动
2 工作组事件
3 中央全会上的争论
4 毛泽东写「大字报」
5 刘少奇离开领导岗位

刘少奇冤案和「文化大革命」是紧密相连的。从某种意义上说，没有「文化大革命」，就不会有刘少奇冤案；而没有刘少奇冤案，也不成其为「文化大革命」。

1 “文化大革命”的发动

20世纪60年代，对于中国人民来说，是一个多灾多难的年代。由于“大跃进”和“反右倾”的错误，加上当时的自然灾害和苏联政府背信弃义地撕毁合同，60年代初我国国民经济发生严重困难。中共中央因此决定对国民经济实行“调整、巩固、充实、提高”的方针，并采取一系列经济和政治的措施，纠正“左”的错误。但是，出于多方面的原因，“左”倾错误在经济工作的指导思想上并未得到彻底纠正，而在政治和思想文化方面还有发展，出现了许多错综复杂的情况。

由于一个时期以来，毛泽东对国内阶级形势、政治状况的错误估计，以及他同刘少奇主持的中共第一线领导之间分歧的发展，党内生活越来越不正常。1962年9月中共八届十中全会后，毛泽东多次对中央一线的工作提出批评。到了“文化大革命”前夕，他进一步认为，全国的党、政、军各界混进了一大批反党反社会主义的资产阶级代表人物，中央出了修正主义，有发生反革命政变的可能。毛泽东对中央第一线的工作越来越不满意，逐渐失去信任，因此有些重要问题不再同刘少奇等中央领导核心成员商量，而采用非正常的程序和手段直接处理，包括改变中央第一线领导的集体决定和处分一些高级干部。野心勃勃的林彪、江青、康生等人，则利用毛泽东的崇高威望，挑拨离间，以售其奸。刘少奇等在中央第一线工作的同志显然感觉到了这种不正常局面，但又没有办法出来抵制和纠正，只有加强集体领导，多请示汇报，尽量按毛泽东的指示行事。尽管如此，仍不时遭到毛泽东的批评和否定。正如中共十一届六中全会通过的《关于建国以来若干历史问题的决议》所指出的："这个期间，毛泽东同志在关于社会主义社会阶级斗争的理论和实践上的错误发展得越来越严重，他的个人专断作风逐步损害党的民主集中制，个人崇拜现象逐步发展。党中央未能及时纠正这些错误。林彪、江青、康生这些野心家又别有用心地利用和助长了这些错误。这就导致了'文化大革命'的发动。"

毛泽东自1965年10月起多次提出"中央出修正主义"的问题。1966年1月12日他在武汉对当地几个主要负责同志说：去年10月，我在北京讲过，如果北京搞修正主义，你们地方怎么办？是不是学蔡锷起义，打倒袁世凯？我总感到要出问题；我讲了以后，一路上从天津到南昌，经过许多地区，都没有听到反应。由于毛泽东没有明说"中央搞修正主义"的是谁，别人又不能瞎猜，所以从中央到地方的大多数领导干部都不清楚也不理解究竟是怎么回事，当然也就无法作出"反应"。林彪1967年5月在会见外宾时当着毛泽东的面说："有人说毛泽东同志就是拉一派打一派。现在中央领导同志凡是在群众中有威信的，全是毛主席事先将文化大革命的底交给他们了，所以他们未犯错误。"这说明毛泽东曾经向少数人交过底，但显然不包括刘少奇。

1965年11月10日，上海《文汇报》突然发表《评新编历史剧〈海瑞罢官〉》一文，公开点名批判北京市副市长、历史学家吴晗。文章是由江青在上海同张春桥（当时任中共上海市委书记处书记）策划，姚文元（当时任上海市委写作组成员、《解放》杂志编委）执笔写成的，并且得到了毛泽东的支持。1966年2月2日至22日，江青与林彪相勾结，由江青在上海召开部队文艺工作座谈会，宣称建国以来文艺界被一条反党反社会主义的黑线专了政，“要坚决进行一场文化战线上的社会主义大革命，彻底搞掉这条黑线。”这次座谈会的纪要经过毛泽东几次亲自修改。这两件事在进行过程中都有意保密，刘少奇、周恩来、邓小平等中央政治局常委都不知道。

1966年3月，中国共产党和日本共产党两党代表团在北京会谈。在磋商两党联合公报过程中，日共坚持要求公报中在批评苏联共产党时不要点名。刘少奇主持政治局常委会讨论后表示可以同意日共的要求。另外还有一件事：苏共中央来信邀请中共派代表团参加苏共第二十三次全国代表大会，中央政治局常委对此研究后提出了应邀参加、坚持原则进行斗争的方案。毛泽东在听取康生（当时任中共中央政治局候补委员、书记处书记）对这两件事的汇报后，批评并否决了政治局常委的这两个决定。3月28日，毛泽东在会见日共宫本显治时说：“北京的同志和你们搞了个不痛不痒的文件，我看了就不舒服。”

1966年3月底，毛泽东在上海几次同康生、江青等人谈话，批评彭真（当时任中共中央政治局委员、书记处书记）主持中央文化革命五人小组起草、并经政治局常委会讨论同意的《关于当前学术讨论的汇报提纲》（即《二月提纲》），说这个提纲混淆阶级界限，不分是非，是错误的。他说：什么吴晗、翦伯赞，是中学阀，上面还有包庇他们的大党阀；要支持小将，保护“孙悟空”，再不支持，就解散五人小组、中央宣传部、北京市委；我历来主张，中央不对时，地方攻中央，去年9月工作会议，专门讲了这个问题，如果中央出修正主义，地方要造反。毛泽东还说：北京市针插不进，水泼不进，要解散市委；中宣部是“阎王殿”，要“打倒阎王，解放小鬼”。毛泽东的谈话，不只是对彭真（当时兼任中共北京市委第一书记、市长）、陆定一（当时任中共中央政治局候补委员、书记处书记、中央宣传部部长）的直接批评，同时表明他下决心要发动一场清算中央内部“修正主义”的革命。

4月10日，林彪、江青合伙搞的《部队文艺工作座谈会纪要》，经过毛泽东审阅修改，作为中共中央文件发到全党。4月9日至12日，中央书记处召开会议传达贯彻毛泽东的指示，“关起门来统一思想”（康生语）。在会上，康生、陈伯达（当时任中共中央政治局候补委员）一起大批彭真在批《海瑞罢官》以来和历史上的所谓“一系列严重错误”。会议决定，成立以陈伯达为首的“文化革命文件起草小组”，起草一个中央通知，批判和撤销《二月提纲》。4月16日起，毛泽东在杭州召集中央政治局常委扩大会议，用林彪的说法，“集中解决彭真的问题，揭了盖子”，并决定撤销“文化革命五人小组”和《二月提纲》，重新设立“文化革命小组”。

中央书记处会议后，由陈伯达、康生、江青、张春桥等组成的“文化革命文件起草小组”，集中到上海加紧起草《中国共产党中央委员会通知》。《通知》的最初稿子中尚没有点彭真的名，后来陈伯达、康生、江青在修改时专门加了一段点名批判彭真的话，毛泽东同意了。从4月14日到30日，毛泽东在17天中先后8次审阅修改《通知》稿，并加写了好几段重要文字。“文化革命文件起草小组”对《通知》的形成起了至关重要的作用。毛泽东4月下旬在杭州对“起草小组”的人说过这样的话：也没有想到你们写这样一个通知，以后我又逐次增加修改，你们新增加的一段，点了名，这一段加得好，不点名是无头告示；原来也没有想到要你们来开会，以后常委、你们和大区来开会，事情就揭开了。

刘少奇于3月25日至4月19日出访巴基斯坦、阿富汗、缅甸。这期间发生了上面所说的一系列重要事件，他都不知道。4月20日他出访回国后，立即从昆明赶到杭州，参加毛泽东召集的政治局常委扩大会议。这时会议已近尾声，彭真已被点名批判，《中国共产党中央委员会通知》（因这个《通知》后来在1966年5月16日中央政治局扩大会议上通过，所以简称《五·一六通知》）已由毛泽东修改定稿，“中央文革小组”的人选也已确定，只待提交5月政治局扩大会议通过。

中共中央政治局扩大会议于1966年5月4日在北京召开。这时毛泽东仍在杭州，依惯例，会议由刘少奇主持。会议议程是按照杭州会议的部署进行的。会上情况由康生向毛泽东请示汇报。这种做法和以往不同。刘少奇以前曾多次主持中央高层会议讨论重大问题，都是由他本人直接向毛泽东报告情况的。

刘少奇是努力按照4月杭州会议和毛泽东的一系列指示精神主持这次会议的。可以明显看出他相当被动。由于彭真已被点名批判，免职势在必行。5月4日，彭真向刘少奇、邓小平提出，北京市的工作他今后不管了。刘少奇、邓小平当然只有同意，并决定由李雪峰（当时任中央书记处书记兼华北局第一书记）代理北京市委第一书记。罗瑞卿（原任中共中央书记处书记、中央军委秘书长、解放军总参谋长）、杨尚昆（原任中共中央书记处候补书记、中央办公厅主任）、陆定一则在彭真之前就挨批挨整，实际上已经停职，会上只不过补办了一个把他们撤销职务的组织手续。提交会议的《中国共产党中央委员会通知》草案，在5月16日通过时一字未改。本来在会议讨论中也有人提了一些意见，主要是文字方面的意见，但陈伯达、张春桥等借口毛泽东已审定而坚持不让改，所以最后还是原封不动地付诸通过。刘少奇或许感到这是一种党内生活不正常的表现，却又无可奈何。他在文件通过时说了这样几句话："开政治局扩大会议叫大家讨论，提了意见不改，连几个字都不能改，这不是独断专行吗？这不是不符合民主集中制吗？我原来考虑过改一点，大家意见还是不改好，不如原来的好。"

在这个《中国共产党中央委员会通知》（即《五·一六通知》）中，最为引人注目的是毛泽东亲笔加写的两段话：

高举无产阶级文化革命的大旗，彻底揭露那批反党反社会主义的所谓"学术权威"的资产阶级反动立场，彻底批判学术界、教育界、新闻界、文艺界、出版界的资产阶级反动思想，夺取在这些文化领域中的领导权。而要做到这一点，必须同时批判混进党里、政府里、军队里和文化领域的各界里的资产阶级代表人物，清洗这些人，有些则要调动他们的职务。尤其不能信用这些人去做领导文化革命的工作，而过去和现在确有很多人是在做这种工作，这是异常危险的。

混进党里、政府里、军队里和各种文化界的资产阶级代表人物，是一批反革命的修正主义分子，一旦时机成熟，他们就会要夺取政权，由无产阶级专政变为资产阶级专政。这些人物，有些已被我们识破了，有些则还没有被识破，有些正在受到我们信用，被培养为我们的接班人，例如赫鲁晓夫那样的人物，他们现正睡在我们的身旁，各级党委必须充分注意这一点。

中央政治局会议的最后一天，即5月26日，刘少奇在大会上发言。他主要讲了对毛泽东一系列指示的理解，并且用很大的篇幅作自我批评，历数了自己从第一次大革命时期一直到社会主义教育运动中的错误。在谈到“文化大革命”时他说：“在我们这次讨论发言中，对文化革命问题讲得比较少。对这个问题，我们过去也是糊涂的，很不理解，很不认真，很不得力，包括我在内。我最近这个时期对于文化革命的材料看的很少。生了一次病，出了一次国，很多材料没有看，接不上头。”

在中共中央政治局扩大会议举行的同时，会外的斗争也是十分激烈。报刊上接连发表气势汹汹的批判文章，有的文章是在毛泽东支持下发表的。《五·一六通知》的内容和处分彭、罗、陆、杨的情况正通过小道消息在社会上流传。人们明显地感到一场政治风暴在日益逼近。

这里有一个问题：毛泽东在《五·一六通知》中所说的“例如赫鲁晓夫那样的人物，他们现正睡在我们的身旁”，是否就是指刘少奇？笔者认为不是。

《五·一六通知》一开始是为批判《二月提纲》而起草的。在毛泽东最初修改的稿子上，还没有点彭真的名，所以在他加写的几段话中，都是用“他们”“提纲的作者们”等代名词来暗指彭真。笔者认为，“赫鲁晓夫那样的人物”也属于这种情况，也是暗指彭真等人的代名词之一，在用语上则是沿用了1964年7月毛泽东关于培养接班人指示（即在“九评”中加写的一段话）中的提法。毛泽东在这一指示中说：“要特别警惕像赫鲁晓夫那样的个人野心家和阴谋家，防止这样的坏人篡夺党和国家的各级领导。”显然，这一指示根本不可能是针对刘少奇的，因为这段时间毛泽东对刘少奇并不怀疑。最明显的证据是：1963年9月，毛泽东在审阅《人民日报》、《红旗》杂志编辑部文章《关于斯大林问题》时，把“以毛泽东同志为代表的中国马克思列宁主义者”改为“早在二十年代末期和整个三十年代，随后又在四十年代的初期和中期，以毛泽东同志和刘少奇同志为代表的中国马克思列宁主义者”。

毛泽东本人从来没有说过“赫鲁晓夫那样的人物”是指刘少奇。何况，《五·一六通知》从正式通过到最初的传达贯彻，都是毛泽东委托刘少奇主持进行的。如果“赫鲁晓夫那样的人物”是指刘少奇，毛泽东便不可能这样做。在当时，无论是中央领导核心成员，还是参加起草《五·一六通知》并在这期间同毛泽东最接近的康生、陈伯达等人，都认为是指彭真，谁也没有怀疑到刘少奇头上。刘少奇1966年5月18日在同周恩来、邓小平一起会见越南共产党主席胡志明时向他通报说：“彭真……反毛主席，他是中国党内的赫鲁晓夫，修正主义者。”贺龙（当时任中共中央政治局委员、中央军委副主席）5月19日在大会发言中对彭真说：“主席批评赫鲁晓夫在我们身边，那还不是批评你呀！”康生也在这天的大会上指责彭真说：“你就是这样的人物，你就是睡在我们身旁的赫鲁晓夫这样的人物。”康生在发言中还主动检讨自己在1931年写了反对刘少奇文章的错误，并颂扬“少奇同志是在白区代表毛主席的路线的”。一年之后的1967年5月19日，张春桥在上海革命委员会常委扩大会议上还承认：“对‘例如赫鲁晓夫那样的人物’这一段，我当时就不太理解，只想到彭真，没完全想到刘少奇。”

那么，为什么许多人觉得“赫鲁晓夫那样的人物”是指刘少奇呢？笔者认为这主要是“文化大革命”中大批判运动造成的印象。最早点明“赫鲁晓夫那样的人物”是刘少奇的，是戚本禹（当时任“中央文革小组”成员）。1967年4月1日，戚本禹在《爱国主义还是卖国主义》一文中用责问的口气说：“你根本不是什么‘老革命’！你是假革命、反革命，你就是睡在我们身边的赫鲁晓夫！”第二天，上海《文汇报》发表吹捧这篇文章的社论，题目就叫《彻底批判中国的赫鲁晓夫》。5月18日，在《红旗》杂志编辑部、《人民日报》编辑部文章《伟大的历史文件》中，更加明确地说：“毛主席在这个文件中所说的睡在我们身旁的‘赫鲁晓夫那样的人物’，现在被广大群众揭露出来了。这个中国的赫鲁晓夫，就是党内最大的走资本主义道路的当权派。”此后，在报刊批判尚未公开点刘少奇名字的情况下，在很长一段时间内，各种文件、文章一直把“中国的赫鲁晓夫”作为刘少奇的代名词。人们对此得出了强烈的印象。

1966年5月28日，“中央文化革命小组”正式成立，组长陈伯达，顾问康生，副组长江青、张春桥等，组员有王力、关锋、戚本禹、姚文元等。6月1日，毛泽东没有通过刘少奇等中央政治局常委，直接下令将康生送来的北京大学聂元梓等人写的大字报向全国广播。其后短短几天，在“中央文革小组”的推波助澜下，造反浪潮在全国迅速蔓延，“文化大革命”哄然而起。

这时，毛泽东仍在外地。刘少奇在北京主持中共中央的日常工作。这使他不得不处在领导“文化大革命”的第一线。刘少奇对“文化大革命”的发动显然缺乏思想准备，对毛泽东的意图也不清楚，因而从一开始就陷于被动地位。他曾在一些场合多次表露过自己的这种困惑心情。1966年6月20日他在听取北京师范大学附属中学情况汇报时说："当前，主要问题是不知怎么搞。我们也是第一次，不知怎么搞。"7月29日他在人民大会堂举行的"文化革命积极分子大会"上说："怎样进行无产阶级文化大革命？你们不大清楚，不大知道，你们问我们怎么革，我老实回答你们，我也不晓得。"

2　工作组事件

“文化大革命”初期派工作组到一些单位领导运动，是毛泽东在《炮打司令部——我的一张大字报》中指责刘少奇的主要内容，认为这是“镇压群众”，破坏“文化大革命”。工作组事件成为刘少奇下台的直接导火线。

由于当时中央的日常工作会议一般不作记录，因而关于派工作组的决策情况没有留下具体记载。根据现在能够查到的材料，说明派出工作组的大致经过如下：

1966年5月29日，中共中央政治局主持日常工作的三位常委刘少奇、周恩来、邓小平及有关领导同志开碰头会研究，决定由“中央文革小组”组长陈伯达率工作组去人民日报社，由中共河北省委书记处书记张承先率工作组去北京大学。据参加这次会议的刘志坚（当时任总政治部副主任）回忆，在几个中央领导同志商定之后，周恩来还当场到隔壁房间用电话向正在杭州的毛泽东请示，获得同意。

5月30日，刘少奇、周恩来、邓小平联名致信毛泽东，书面请示派工作组去人民日报社一事：“拟组织临时工作组，在陈伯达同志直接领导下，到报馆掌握报纸每天的版面，同时指导新华社和广播电台的对外新闻。”这封请示信是刘少奇起草的。毛泽东在请示信上批示：“同意这样做。”陈伯达等于当日进驻人民日报社。

6月1日，以张承先为组长的工作组，于晚10点多钟进驻北京大学，并明确宣布工作组代行党委职权。这一消息于6月3日由新华社向全国广播。电讯稿是周恩来起草的。工作组原来是以华北局名义派的，电讯稿中改称“中共新改组的北京市委决定”。毛泽东看了这条新华社电讯稿并表示同意。

6月3日，刘少奇主持中央政治局常委扩大会，汇报和讨论北京地区“文化大革命”情况。北京新市委第一书记李雪峰提出运动中要注意“内外有别”等八条意见，并提议：“有的学校领导瘫痪了，领导不起来，就派工作组进去领导。团中央、组织部组织人力帮助。”会议同意了李雪峰的意见。6月3日、4日，北京新市委开始向一些学校派出工作组。

自从北京大学进驻工作组的消息在报上公布后，北京许多学校的师生成群结队涌到中共中央、国务院、北京新市委所在地，要求派工作组。各学校的领导这时事实上已陷于瘫痪，无法行使领导职能。由于无政府状态急剧蔓延，混乱局面日趋严重，从6月5日起，北京新市委加快了派工作组的步伐。

6月6日，中共中央书记处开会，决定向中央宣传部派出工作组。

从6月5日至6月中旬，北京地区的绝大多数大专院校和部分中学先后进驻了工作组。工作组一般以北京新市委的名义派出。大学工作组的成员从中共中央、国务院有关部委抽调，中学工作组的成员由团中央抽调。全国大部分省市和一些中共中央直属机关、中央国家机关部委，也纷纷仿效北京地区的做法，陆续向本地区、本系统的一些“问题”比较多的单位派出了工作组。在此期间，鉴于文艺战线“问题严重”，新上任的文化部副部长肖望东（原南京军区第二政委），主持向国务院文化系统派出了许多由军队干部组成的工作组。其中从总政治部抽调300多位军队干部参加工作组，是经林彪同意的。

这期间毛泽东虽然仍在外地，但中央经常向他汇报工作，并不断有各种材料报送给他，派工作组的情况他是知道的。在北京的“中央文革小组”更是对派出工作组的情况一清二楚。当时，谁都没有指出派工作组有什么不对。

研究有关派工作组的文献资料，可以肯定以下几点：

（1）“文化大革命”中最早派出的两个工作组，即驻人民日报社、北京大学工作组，是刘少奇、周恩来、邓小平三位政治局常委和有关领导同志研究决定，并报毛泽东同意的。

（2）向北京地区的大中学校派工作组，是北京新市委提议，经刘少奇主持的中央政治局常委扩大会同意的。

（3）刘少奇没有在他主持的会议上作出过在全国普遍派工作组的决定，也没有就这个问题下达过文件。全国其他地方派工作组，是学习北京地区做法的结果。

工作组进校后，受到了大多数师生员工的欢迎，但也遭到少数造反派的反对。“文化大革命”本身的不合理性和中央领导层对待运动的认识不一致，注定了工作组必然要犯错误。加上江青、康生、陈伯达一伙居心叵测，从中捣鬼，导致群众在工作组问题上分成了两派。一些学校发生赶工作组现象，使本已混乱的局面呈现更加错综复杂之势。

刘少奇、周恩来、邓小平等于6月9日去杭州向毛泽东汇报运动情况，并在毛泽东主持下讨论了“文化大革命”问题。讨论中没有专门议论派不派工作组的问题，更没有形成明确的意见。只是毛泽东在议论时说：“派工作组太快了并不好，没有准备。不如让它乱一下，混战一场，情况清楚了再派。”但这时工作组基本上已经派出。

毛泽东这样讲了之后，刘少奇是努力紧跟的。6月14日，刘少奇在北京主持中央政治局常委扩大会讨论运动情况。他在会上讲到：“（中学）工作组是团中央去的，有的是好的，能与学生三同，同吃同住同工作。不好的应该撤回。”他甚至说：“工作组派下去被人赶回，证明它不行么！乱就好么！”

刘少奇对他认为比较好的工作组，也就是能够有效地对运动实施领导的工作组，是坚决支持的。在他看来，这么大的群众运动没有党的领导是不可想象的，既然那些学校的领导瘫痪了，那就只有派工作组去接替，以维持正常的秩序。

6月18日，北京大学发生一起乱打乱斗事件。上午9时至11时，北京大学几个系的一些学生，将40多位干部、教师拉出来批斗，并采取了脸上抹黑、戴高帽子、罚跪等行动。工作组发觉后迅速予以制止，扭转了局势。刘少奇对驻北大工作组的做法表示满意。6月20日，他将驻北大工作组关于反映这次事件处理情况的《北京大学文化革命简报（第九号）》转发全国。刘少奇在为中共中央起草的批语中说：“中央认为北大工作组处理乱斗现象的办法，是正确的，及时的。各单位如果发生这种现象，都可参照北大的办法处理。”

为便于及时了解情况，掌握局面，6月19日刘少奇要夫人王光美去清华大学，作为驻清华大学工作组的顾问，帮助指导运动。6月20日和7月11日，他两次召集驻北京师范大学附中的工作组汇报座谈，同他们一起分析运动中出现的各种情况，解决问题。

6月21日，刘少奇在他主持的政治局常委扩大会上提出：“这一场斗争咱们都没有经验，工作组也没有经验。”“有的学校赶工作组，向工作组夺权，要夺档案、枪支、广播这些权。不准随便提出夺权。”“夺权斗争，有的是坏人要我们撤走工作组。不好的工作组也可以撤走，但是不要党的领导、中断党的领导是不好的。”

6月30日，刘少奇、邓小平致信毛泽东，要求发出《关于工业交通企业和基本建设单位如何开展文化大革命运动的通知》。《通知》强调这些单位的运动要由工作队领导：正在进行“四清”的单位，要在工作队领导下，把文化大革命插进去进行；还没有进行“四清”的单位，由上级派出工作队领导进行；已经结束“四清”而又没有达到标准，要重新派工作队去，从文化大革命入手，把“四清”和文化大革命搞彻底。这一通知于7月2日经毛泽东批准后下发。

大约在6月20日以后，刘少奇、邓小平等中央领导同志同“中央文革小组”之间在工作组问题上的分歧明显加剧，社会上赶工作组的现象也增多了。

6月20日，“中央文革小组”向中央提出了一个书面建议，其中说：“建议全国大中学校、机关单位在适当时候成立文化革命小组，领导文化革命运动。”“在最必要的地方，最必要的时候，可以由上级派工作组。”这一建议曲折间接地表达了他们取消工作组的意见。

7月13日、19日、22日，陈伯达在中央政治局常委召集的汇报会上，三次对工作组的问题提出异议。但据现在发现的资料，陈伯达在发表意见时，态度不大鲜明。例如他在7月19日的会上只是说：“工作组不会比学生高明，工作组都自称是党中央、毛主席派去的，有的整学生。”

在这几次会上，刘少奇、邓小平也对工作组有所批评，但不同意马上就撤出工作组。在7月13日的会上，刘少奇说："现在的工作队要进行教育，他们不懂政策，不学政策。不好的工作队要进行整顿清理。"邓小平说："要先把学生组织起来，清理当权派，然后再撤销工作组、工作队。"在7月19日的会上，刘少奇说："工作组有好的，有坏的，他们在第一线，有他的辛苦，要求不能过高。现在是如何帮助他们，教育他们，总结工作经验。"邓小平说："有的机关和学校，不派工作组可以，有的要夺权的，就要派工作组。工作组主要是起行政和党委的领导作用，因此是否统盘考虑，对工作组要正确估计。我们对这样的运动没有经验，他们也没有经验。坏的工作组可以先撤，好的工作组可以留，代替党委工作。"在7月22日的会上，刘少奇说："工作组领导不好，但是多数工作组是好的，还是教育帮助，改正错误。赶工作组，有的不应该赶。"邓小平说："要教会工作队做工作。……有的学校没有工作队恐怕不行。"

参加这几次会议的大多数同志都不同意撤工作组，陈伯达的意见被否决。后来江青在中共八届十一中全会的一次小组发言中讲到："22号晚上，胡克实同志汇报说已经走上正规了。这次汇报会雪峰同志参加了，我们的组长、顾问没有发言权，讲一句话就被打断。这次汇报会共用了五个多小时，薄一波、陶鲁笳却讲了三个多小时。"江青所说的"我们的组长、顾问"，即指陈伯达、康生。她的说法从反面印证了当时中央大多数领导同志对"中央文革小组"意见的批评和抵制。

对陈伯达关于工作组的意见被否决的情况，刘少奇8月1日在中共八届十一中全会上从自我批评的角度，作了这样的解释："陈伯达同志早就提了不派工作组或者撤出工作组，提了三次。……第一次提出来没有多讨论。第二次陈伯达书面提出两条，讨论时多数同志还是要工作组，我也发言要工作组，认为工作组有方便之处，要去就去，要撤就撤。当时我曾考虑，这样大的运动，北京各院校部分组织已经瘫痪了，怕中断了党的领导不好。第三次，伯达同志又提出这个问题，又讨论了一次，多数同志还是不主张撤。我仍是以前的观点，我认为这一方法较机动，没有下决心撤，要看一看。同时，主席快回来了，回来再请示决定。主席回来的第二天，又开了个会，感到是个问题。”

7月18日，毛泽东从武汉回到北京。情况随即发生变化。有些文章曾说毛泽东回京后只偏听江青等人的汇报，导致作出撤销工作组的决定。事实上毛泽东既听了陈伯达、康生等人的汇报，也听取了刘少奇等常委同志的汇报。而江青是7月20日才从上海回北京，当然她回京后也向毛泽东陈述了她的意见。

毛泽东在听取汇报和看了“文革小组”提供的一些材料后，对运动的进展情况表示不满，认为北京的文化大革命搞得冷冷清清，学生运动受到镇压，但最初还没有提出撤工作组。直到7月23日，中共中央批转总政治部《关于抽调军队干部支援地方文化大革命的请示》，其中还提出：“采取抽调干部参加地方四清的办法组织工作队，支援地方文化大革命。”毛泽东对此仍表示同意。

7月24日、25日，毛泽东先后找一些人谈话，再次对前一段的运动提出批评，明确提出要撤销工作组。参加24日谈话的主要是“中央文革小组”成员，25日谈话时又增加了来北京出席中共八届十一中全会预备会议的各中央局书记。毛泽东在听取了江青等人的汇报后说：“把工作组一撤，把黑帮停职反省就完了。这样可以搞得快一点。有这么一段，运动冷冷清清，就是6月20号左右以后，有许多地方搞得冷冷清清。根本撤出来，另外派几个人去当观察员。张承先这些人能不能搞好？能搞好就搞，不能搞就撤出来。”“现在不只是一个北大的问题，而是一个全国的问题。如果照原来那样搞下去，是搞不出什么名堂来的。”“工作组一不会斗，二不会改，只会起阻碍运动的作用。”“许多工作组（当然不是一切工作组），包括张承先的工作组，都是阻碍运动的，都要把它撤出来。”

7月26日，召开政治局常委扩大会议，由新近从中南局调到中央任书记处常务书记的陶铸传达了毛泽东两次谈话的内容。刘少奇、邓小平等放弃了原来的意见。会议最后决定撤销工作组。第二天，“中央文革小组”起草了撤销工作组的决定，毛泽东亲自作了修改。7月28日，由中共北京市委正式发出《关于撤销各大专院校工作组的决定》，文件中注明，这一决定“也适用于中等学校”。

7月29日，北京市在人民大会堂召开有一万人参加的全市大专院校和中等学校师生文化革命积极分子大会。李雪峰在会上宣读了北京市委的决定。刘少奇、周恩来、邓小平出席大会并讲话。他们在讲话中都说明派工作组是中共中央决定的，代表中央承担了责任。刘少奇说：“派工作组是中央决定、中央同意的。现在发现，工作组这个方式不适合于当前无产阶级文化大革命运动的需要，中央决定撤退工作组。”“工作队员过去这一段时间的工作是在你们学校里面作的，他们犯了错误或者作了好事，是在你们学校里面作的，成千上万的人看到了，你们都清楚。当然，各学校工作组的工作，不会是一样的，或不完全一样的，正如邓小平同志刚才说的，工作组有好的，比较好的，或犯有严重错误的。”

7月29日大会之后，北京和全国各地都相继撤销了工作组。刘少奇、邓小平多次在各种场合承担了派工作组的主要责任。由于各学校的党委早已瘫痪，工作组撤走后，原先设想的“文化革命委员会”之类的机构也因为群众分裂成两派而成立不起来，造反派因此更加肆无忌惮。学校处于无政府状态，并迅速蔓延到全社会，局势急剧恶化。

工作组撤走了，工作组问题却还没有完。稍后，毛泽东对工作组提出更为严厉的批评，认为工作组犯了方向、路线错误。8月1日，他在中共八届十一中全会上插话说：“工作组不管怎么样是做了坏事，一不能斗，二不能批，三不能改，……起一个镇压群众、阻碍群众的作用，起了个坏作用。一般说，就是百分之九十以上的工作组干尽了坏事。”江青、陈伯达、康生等在这一期间连续到各学校煽风点火，鼓动造工作组的反。很多工作组成员遭揪斗。以后，工作组又被作为资产阶级反动路线的具体体现和刘少奇的一大罪状，受到了长时间的批判。

综上所述，我们可以得出如下结论：

（1）派工作组在当时形势下是正确的。“文化大革命”是在一哄而起的情况下开始的。在所谓“斗黑帮”的行动口号之下，大学、中学的领导干部立即成为冲击、批斗的对象，学校党组织和行政领导相继陷于瘫痪。乱斗乱揪的现象普遍发生，校园秩序一片混乱，局势面临失控。在这种情况下，用工作组去接替这时已经失灵了的原有的领导系统，是唯一可以采取的措施。后来工作组撤销之后，果然很快出现打倒一切、天下大乱的局面，这也从反面证明了当时派工作组的正确性。

（2）派工作组在组织手续上是完全符合党的集体领导制度

的。“文化大革命”初期，毛泽东不在北京，刘少奇受毛泽东委托主持中央日常工作。派工作组的决定是在刘少奇主持的中央政治局常委扩大会上讨论决定的，是中央集体领导作出的决定。按党的民主集中制组织原则和惯例，中央的日常工作不一定事事都要经毛泽东批准。何况，向北京大学、人民日报社派工作组是报告毛泽东同意的。向其他大中学校派工作组，虽未见到毛泽东的直接批示，但有材料表明毛泽东也是知道的，不存在所谓“背着毛主席擅自决定”的问题。

（3）派工作组在方式上是沿用了党的传统经验。在党的历史上，曾多次采用派出工作队的方法发动群众，开展革命运动。从1963年开始的社会主义教育运动，就普遍采用了派工作队的做法。“文化大革命”开始时，全国许多地方的社会主义教育运动还正在进行，“文化大革命”工作组也就沿用了这种做法。后来在1968年夏，为了控制日益恶化的内乱局面，中共中央根据毛泽东的指示，向全国大中学校派驻由工人、解放军官兵组成的“毛泽东思想宣传队”。这时的“工宣队”“军宣队”，实际上就是换了名称的工作组。所以，“文化大革命”初期在刘少奇、邓小平主持下采取派工作组的方式稳定局势、领导运动，是很自然很正常的事情。

3　中央全会上的争论

1966年8月1日，中共八届十一中全会正式开幕。原定会议的议题有四项：（1）通过中共中央《关于无产阶级文化大革命的决定》；（2）讨论和批准十中全会以来中央在国内、国际问题上的重大措施；（3）通过会议公报；（4）追认5月政治局扩大会议关于彭、罗、陆、杨等职务变动的决定。

刘少奇在8月1日的大会上，以中央日常工作主持人的身份，向全会报告了八届十中全会以来中央政治局关于国内、国际问题的重大决策和重大措施，重点汇报了前一段中央指导“文化大革命”的情况。关于工作组的问题，刘少奇、邓小平都承担了责任。刘少奇说：“在文化大革命时期，北京的情况，一星期向主席汇报一次。这一段我在北京文化大革命中有错误，特别是工作组问题上出了问题，责任主要由我负。”周恩来6月14日至7月1日出访罗马尼亚、阿尔巴尼亚、巴基斯坦，对工作组问题不完全清楚，但他也承担了责任。他在8月2日的大会上说：“对于工作组问题，我认为常委，特别是在北京主持中央工作的（主席不在家），我们几个人都要对决定派遣工作组负责任。……一直到主席回来，我们汇报的时候，还主张工作组不撤，这就是更大的错误。”

会议原定开5天。毛泽东8月1日在开幕会上说：“八届十一中全会今天以前算作小组预备会议。从今天起，正式开会，大概是一号、二号、三号、四号、五号，开五天。今天开一次大会，全体到，中间开三天小组会，最后开一天就行了。”可实际情况在第一天开幕之后日程就发生改变。由于许多人对工作组问题想不通，一时无法立即转入小组讨论《关于无产阶级文化大革命的决定》。于是，8月2日、3日下午，继续大会发言，介绍情况，谈认识。

毛泽东在7月底的一次谈话中曾说，中央所有负责同志和各地来北京开会的同志，都应该亲自参加北京各学校的文化大革命，以便取得感性知识。刘少奇决定身体力行。他同李雪峰商量后，选择去北京建筑工业学院直接参加运动。这个学校是北京地区最早形成两派组织而且对立比较严重的学校。刘少奇希望通过做思想工作，使分成两派的学生团结起来，同时说服学生让工作组顺利撤离学校。

8月2日晚，刘少奇出席了北京建筑工业学院的群众辩论会。这个学校归属国家建委领导，建委主任谷牧决定随刘少奇一起到学校参加运动。刘少奇又通知“中央文革小组”派人参加，他们派来了戚本禹。外地来京开会的刘澜涛（中央书记处候补书记兼西北局第一书记）等几个领导同志听说后，为响应毛泽东的号召，也都跟来了。

刘少奇听取了辩论双方的发言之后说：“我是来了解你们情况的。今天会议准备的不够，有同志讲是搞突然袭击，匆忙开这个会。错误的话是我的，这是我的错误。昨晚12点多才通知李雪峰同志决定明天晚上来，但还不能定，直到今天下午5点才定下来。开这个会主要听听你们的意见。今天看来，同志们有不同意见，意见至少有两种。至少有两种不同意见，可能有三种不同意见。有没有第四种意见？有不同意见也好。看来工作组在你们学校是犯了错误的。这个错误也不能完全由工作组负责，我们党中央和北京新市委也有责任。派工作组是党中央同意的，市委跟上来了。因此看来，主要精神不派好些，派工作组不对。工作组在你们学校哪些做对了，哪些做错了，你们清楚，我们还不清楚。有党中央、新市委的错误，谁的就谁负责。”

同日，邓小平、陶铸出席了中国人民大学的群众大会。

8月3日、4日，刘少奇分别找建工学院两派的代表和工作组负责人谈话，分头做思想工作。他希望两派学生团结起来，并要工作组向学生做一个深刻的检讨，试图通过这种方式使工作组顺利撤离。

8月4日下午，八届十一中全会的日程再次发生改变。后来的情况发展表明，这次改变非同一般。

本来已经通知，4日下午继续在人民大会堂东大厅进行大会发言。代表们来到会场后，突然宣布不开全体会了，改开小组会。日程改变的原因，是毛泽东要在福建厅召开政治局常委扩大会。

毛泽东在常委扩大会上发表了不同寻常的讲话。经会后整理传达，毛泽东讲话的主要内容是：在前清时代，以后是北洋军阀，后来是国民党，都是镇压学生运动的。现在共产党也镇压学生运动。中央自己违背自己命令。中央下令停课半年，专门搞文化大革命，等到学生起来了，又镇压他们。说得轻一些，是方向性的问题，实际上是方向问题，是路线问题，是路线错误，违反马克思主义的。这次会议要解决问题，否则很危险。所谓走群众路线，所谓相信群众，所谓马列主义等等，都是假的。已经是多年如此，凡碰上这类的事情，就爆发出来。

明明白白站在资产阶级方面反对无产阶级。说反对新市委就是反党，新市委镇压学生群众，为什么不能反对！我是没有下去蹲点的，有人越蹲越站在资产阶级方面反对无产阶级。规定班与班、系与系、校与校之间一概不准来往，这是镇压，是恐怖，这个恐怖来自中央。有人对中央6月18日的批语有意见，说不好讲。北大聂元梓等七人的大字报，是20世纪60年代的巴黎公社宣言——北京公社。贴大字报是很好的事，应该给全世界人民知道嘛！而雪峰报告中却说党有党纪，国有国法，要内外有别。团中央，不仅不支持青年学生运动，反而镇压学生运动，应严格处理。

除上述主要内容外，据参加会议的几个人的记录，毛泽东还说了一些重要的话。当刘少奇发言中说到“我在北京，要负主要责任”时，毛泽东说：你在北京专政嘛，专得好！当叶剑英（当时任中央书记处书记）说到对军队力量估计不足，我们有几百万军队，不怕什么牛鬼蛇神时，毛泽东说：牛鬼蛇神，在座的就有。毛泽东还说：让人家贴大字报，我说过无非是我们下台。……什么真正赞成民主、群众路线、马列主义，没有那回事。现在的民主是压出来的，我看垮台好，不垮台不得了。讲客气一点是方向性错误，实际上是站在资产阶级立场，反对无产阶级革命。为什么天天讲民主，民主来了又那么怕。这时刘少奇说：无非是下台，不怕下台，有五条不怕。

据王光美说：这次会上，刘少奇在毛泽东批评他在北京专政时说：怎么能叫专政呢？派工作组是中央决定的。当毛泽东批评为什么怕群众时，刘少奇说：革命几十年，死都不怕，还怕群众？无非是下台。

毛泽东的讲话，严厉地批评和否定了中央第一线的领导集体，其中主要是针对刘少奇。这说明毛泽东对刘少奇主持下的中央第一线领导已经极端不满，决心“这次会议要解决问题，否则很危险”，并直接导致他紧接着作出了另一个非常行动——写“大字报”。

4 毛泽东写“大字报”

8月5日，毛泽东采取了又一个重要步骤，写了“我的一张大字报”。当然，毛泽东的所谓大字报，并不是像一般群众用毛笔大字写在大纸上公开张贴的那种大字报，而只是一个较长的批语。

毛泽东的批语，写在1966年6月2日《北京日报》第一版的边缘空白处。在这一版上，刊登着聂元梓等七人的大字报和《人民日报》评论员文章《欢呼北大的一张大字报》、《人民日报》社论《横扫一切牛鬼蛇神》。批语就写在社论的左面。由于报纸版面上的空白处地方不大，这段字数不多的批语沿着报纸边缘曲曲折折地排了一长串，显得潦草、零乱。这段批评没有标题，全文如下：

全国第一张马列主义的大字报和人民日报评论员的评论，是何等写得好啊！可是在五十多天里，中央到地方的某些大领导人，却反其道而行之，站在反动的资产阶级立场上，实行资产阶级专政，将无产阶级轰轰烈烈的文化大革命运动打下去，颠倒是非，混淆黑白，围剿革命派，实行白色恐怖，自以为得意，长资产阶级的志气，灭无产阶级的威风，又何其毒也！联系到一九六二年的右倾和一九六四年形左而实右的错误倾向，它不是可以发人深醒的吗？

毛泽东

八月五日

批语全文由毛泽东的秘书徐业夫誊清在两页16开白纸上。毛泽东在这份誊清稿上作了第一次修改，把“长资产阶级的志气，灭无产阶级的威风”改为“长资产阶级的威风，灭无产阶级的志气”，在“左”字上加了引号，并加上标题：“炮打司令部——我的一张大字报”。毛泽东给这段批语起了这样一个十分醒目的标题，把它称之为“大字报”，既是对当时社会上贴大字报做法的肯定，也是他决心在政治上同刘少奇等决裂的一个严重步骤。

誊清稿修改后被送去铅印。毛泽东在铅印稿上又作了第二次修改。他把“是何等写得好啊”改为“写得何等好呵”，把“中央到地方的某些大领导人”改为“从中央到地方的某些领导同志”，并且在前后两处加了“请同志们重读一遍这张大字报和这个评论”“压制不同意见”两行文字。

经过毛泽东两次修改定稿，批语变成了“大字报”。全文如下：

炮打司令部

——我的一张大字报

全国第一张马列主义的大字报和人民日报评论员的评论，写得何等好呵！请同志们重读一遍这张大字报和这个评论。可是在五十多天里，从中央到地方的某些领导同志，却反其道而行之，站在反动的资产阶级立场上，实行资产阶级专政，将无产阶级轰轰烈烈的文化大革命运动打下去，颠倒是非，混淆黑白，围剿革命派，压制不同意见，实行白色恐怖，自以为得意，长资产阶级的威风，灭无产阶级的志气，又何其毒也！联系到一九六二年的右倾和一九六四年形“左”而实右的错误倾向，岂不是可以发人深醒的吗？

毛泽东

一九六六年八月五日

毛泽东的大字报，第一稿写于8月5日，定稿时间当在8月6日，因为中间经过一次秘书誊清，一次送印刷厂铅印和毛泽东本人两次字斟句酌的修改。

毛泽东究竟什么时候决定撤换刘少奇？对这个问题国内外曾有多种分析和猜测。笔者认为毛泽东最后下决心的日子就是8月5日，并且决定由林彪替代刘少奇，做他的接班人。有以下事实可以说明。

8月5日至6日，毛泽东作出了一系列的不寻常举动：（1）写了主要针对刘少奇的《炮打司令部——我的一张大字报》。（2）下令撤销6月20日刘少奇批发的《北京大学文化革命简报（第九号）》。（3）对《人民日报》评论员文章《欢呼北大的一张大字报》写了一条批注：“危害革命的错误领导，不应当无条件接受，而应当坚决抵制，在这次文化大革命中广大革命师生及革命干部对于错误的领导，就广泛地进行过抵制。”这一批注也是主要针对刘少奇的。（4）在修改八届十一中全会公报稿时，特意删去“全会拥护刘少奇同志代表我国发表的声明”一句，并将这一删改专门批示给康生阅知。（5）提出改组中央领导机构以及调整中央政治局常委人选的意见。（6）要秘书徐业夫通知本已请假在大连养病的林彪回北京出席会议。

毛泽东的这一系列决定，交由周恩来传达、布置。8月5日下午刘少奇会见赞比亚友好代表团后，周恩来给他打电话，要他不要再接见外宾，不要公开露面。8月6日晚，林彪在吴法宪陪同下乘专机返京，周恩来去机场迎接时，登机同林彪单独谈话一个多小时。吴法宪只听到一句：“主席已经决定了……”8月6日夜，周恩来把常委候选人名单报毛泽东审定时附言：“现将晚间在主席处商量的名单（草案）如下，并已报告了林彪同志”。在这个名单中，林彪已名列第二，刘少奇、邓小平等都排到了后面。毛泽东将名单中的陶铸由第九位勾划到第四位。

笔者认为，导致毛泽东8月5日作出决定的原因，从远期讲是一个时期以来两人在工作上的分歧，从近期讲是在“文化大革命”特别是派工作组问题上，刘少奇的做法违反了毛泽东的意旨，而导火线则是8月4日下午人民大会堂福建厅会议上两人再次发生争执顶撞。这次政治局常委扩大会气氛十分紧张，刘少奇讲了“五不怕”。“五不怕”即“不怕撤职、不怕开除党籍、不怕老婆离婚、不怕坐牢、不怕杀头”。毛泽东显然认为刘少奇态度不好，坚持错误，认为“这次会议要解决问题，否则很危险”。刘少奇后来曾对此作了检讨。他在检讨提纲中专门写道：“上次主席召开的福建厅会议，我的讲话不好，特别是讲的所谓五条很不好。”

1966年8月7日，毛泽东的《炮打司令部——我的一张大字报》作为八届十一中全会文件印发给会议代表。会议立即转为讨论毛泽东的大字报，批判刘少奇，但一般都没有直接点名。多数人在讨论中只是谈认识，没有对毛泽东的大字报表示紧跟和拥戴。这反映了相当多的领导同志对这一突然变故的困惑和保留。邓颖超等一些德高望重的老同志在书面发言中还充分肯定了刘少奇在宣传毛泽东思想等方面的作用，只以十分委婉的口气提了希望。只有陈伯达、康生、江青、张春桥、姚文元等少数几个人，乘机攻击刘少奇。陈伯达、姚文元还仿照毛泽东，也以“我的一张大字报”为题，作了上纲上线的批判发言。

毛泽东8月5日写了大字报以后，原定会期5天显然不够了，结果延长了一个星期。8月12日下午，八届十一中全会根据毛泽东审定的名单重新选举了中央政治局常委。林彪名列第二，成为毛泽东的接班人。刘少奇从第2位下降到第8位，原总书记邓小平排在第6位，原副主席朱德降到第9位，陈云降到第11位。会议没有重选党中央副主席，但会后不久，林彪又被宣布为副主席，而刘少奇、周恩来、朱德、陈云四人的副主席职务和邓小平的总书记职务，以后却不再提起，实际上使林彪成为唯一的副主席。

5 刘少奇离开领导岗位

毛泽东的大字报把他同以刘少奇为代表的中央一线领导的分歧，上纲到两个司令部的斗争，并且把这种分歧以异乎寻常的方式端了出来。这是他对党内特别是中央领导层的状况作了错误估计的结果，也是他个人专断作风急剧发展的结果。但在当时的情况下，尽管许多中央领导干部对此感到震惊和不解，却无法予以纠正。因此，作为这张大字报的直接结果，首先就是刘少奇的下台。

中共八届十一中全会后，刘少奇虽然名义上还保留政治局常委职务，实际上已经离开领导岗位，不再过问中央工作。当时处理中央日常工作的常委碰头会，已经不通知刘少奇参加。被排斥在中央领导工作之外的不光是刘少奇，还有邓小平、朱德、陈云等。与此相反，林彪则从后台转到了前台，开始参与决策和主持工作。

这一期间，还多次召开中央政治局生活会议，对刘少奇等进行批评帮助，从八届十一中全会结束到8月24日就开了三次。“中央文革小组”全体成员参加了这些会议。但显然刘少奇老是过不了关。据当时仍在刘少奇身边当卫士的贾兰勋回忆：八届十一中全会结束后几天的一个下午，刘少奇去人民大会堂出席一个会。散会后，贾兰勋见别的首长都出来了，刘少奇还留在河北厅没有出来，便进去问他："是不是回家吃饭？"刘少奇站起来一边走一边往西指，贾兰勋跟他到了河北西厅，只见林彪已经坐在那里。刘少奇让贾兰勋要来一杯牛奶和两块点心，边吃边严肃地问林彪："我有缺点，有错误，已经在中央政治局生活会上解决了，为啥还要纠缠不清……"

八届十一中全会后，原来处于少数地位的各地造反派受到了极大的鼓舞。在"中央文革小组"的支持下，几乎所有的学校都发生造反派揪斗工作组的事件，并演出了静坐、示威、绝食、武斗等一幕幕闹剧。毛泽东支持少数派，但不赞成普遍揪斗工作组。8月29日毛泽东在政治局常委扩大会上说："派工作组的人要承担责任。国务院各口的负责人，要到群众中作检讨，到工作队员中去作检讨。这样，解放大多数。有工作队也好，没有工作队也好，社会上有几种思潮，就有几派，都要登台表演。过去五十天，那个司令部，只领导了一种思潮。"

9月中下旬，中央决定召开一次北京地区各工作组领导干部会议，除总结经验教训外，由刘少奇、邓小平作检讨。

刘少奇准备了题为《在北京各工作组领导干部会议上的检讨提纲（草案）》的书面检讨，送毛泽东审阅。毛泽东于9月14日作了批示："少奇同志：基本上写得很好，很严肃，特别后半段更好。建议以草案形式印发政治局、书记处、工作组（领导干部）、北京市委、中央文化小组各同志讨论一下，提出意见，可能有些收获，然后酌加修改，再作报告，可能稳正一些，请酌定。"

当日，刘少奇把检讨提纲和毛泽东的批示送周恩来，并附言说：

恩来同志：

我的检讨提纲，毛主席已经看过，并批了一段话，退还给我。现送上，请你看看。我赞成毛主席的意见，以草案形式印发政治局、书记处、工作组领导干部、北京市委、中央文化革命小组各同志讨论一下，并请他们提出意见，退还给我，然后酌加修改，再作报告。关于印发事，请你批办，请各同志在几天之内提出意见告我，给我以帮助。主席的批语也印发。如何？请你酌情安排。敬礼！

刘少奇

九月十四日

周恩来将刘少奇要求“主席的批语也印发”一事报毛泽东同意后，立即把刘少奇的检讨稿批送有关人员提意见。在这一过程中，除陈伯达在检讨稿上提了一处修改意见外，未见其他人提书面意见。刘少奇本人又对检讨稿作了一些修改，主要是前半部分。后来，工作组领导干部会议因故未开，刘少奇、邓小平的检讨也就推迟到10月中央工作会议上。

1966年10月9日至28日，中共中央在北京召开工作会议。各中央局、各省市自治区党委、中央各部委的负责人出席了会议。会议由毛泽东主持，中心内容是批判“文化大革命”中的“资产阶级反动路线”。陈伯达作了题为《无产阶级文化大革命中的两条路线》的报告，林彪讲了话。他们都指名攻击了刘少奇、邓小平。

10月23日，刘少奇、邓小平在大会上作检讨。在正式检讨的头一天，刘少奇把稿子送周恩来作最后的审阅，这时题目已经改为《在中央工作会议上的检讨（初稿）》。

恩来同志：

我在中央工作会议上的检讨（初稿），已经作了一些修改，基本上是根据你和陈伯达同志提出的意见修改的。现特送上，请你审阅，并加修改。

敬礼！

刘少奇

一九六六年十月廿二日

十二时

周恩来没有提修改意见，当天就把它和邓小平的检讨稿一起批示给中央办公厅的负责人："送上刘少奇、邓小平两同志的检讨，请即付印；准备在廿三日大会上分发。印好后先送刘、邓两同志各一份，并送主席、林总各一份。"刘少奇的检讨稿，被印成中央工作会议文件之六，发给全体与会人员。

刘少奇的检讨包括三个方面的内容：一是"文化大革命"中的"路线错误"；二是历史上犯过的"一些原则性和路线性错误"；三是犯错误的原因。

关于"文化大革命"中的问题，刘少奇是尽量按照毛泽东《炮打司令部》中的口径来检讨的。他首先承担了责任："在今年六月一日以后的五十多天中，我在指导无产阶级文化大革命中发生了路线错误，方向错误。这个错误的主要责任应该是由我来负担。……第一位要负责任的，就是我。""在工作组派出之后的五十多天中，我是一直支持工作组的，这样就增加了工作组犯错误的可能性和严重性。有少数工作组实在不能维持下去了，把工作组撤离之后，接着又派了新的工作组去。工作组的负责人大多数既不理解无产阶级文化大革命，又没有好好向群众学习，一开始就要业已发动起来的广大群众按照我们和工作组主观设想的计划和步骤行动。这样，就违背了革命的群众运动发展的规律，就发生了许多严重事件，就在事实上站到反动的资产阶级立场上去了，实行了资产阶级专政，将无产阶级轰轰烈烈的文化革命运动打了下去，颠倒了是非，混淆了黑白，长了资产阶级的威风，灭了无产阶级的志气。即使在这种时候，我还是不觉悟的，不知道这种局势的造成是极不正常的，是极不利于无产阶级文化大革命的，是极不利于党的事业和社会主义事业的。这是一种右倾机会主义的路线错误。”在检讨历史上犯过的错误时，刘少奇比较详细地说了毛泽东在《炮打司令部》中点到的1962年、1964年的错误，他按照毛泽东批评的口径说：“在一九六二年我犯过右倾错误，在一九六四年我又犯过形式上是‘左’的而实际上是右倾的错误。我这次在无产阶级文化大革命中所犯的路线错误是和我过去所犯的这些错误有联系的。”最后，他检讨了犯错误的四点原因：（1）“不理解这场文化大革命是我国社会主义革命发展的一个更深入、更广阔的新阶段，以及如何进行这场文化大革命的方法”；（2）“错误地估计了当时无产阶级文化大革命的形势”；（3）“在思想上的资产阶级世界观还没有从根本上改变过来”；（4）“最根本的是没有学好和掌握毛泽东思想”。

会议最后决定，将刘少奇、邓小平的检讨发到党内县、团级。周恩来10月28日作关于传达会议精神的讲话中说：“少奇、小平同志的检讨发到县团级，在主席那里也说了，林彪同志也同意。是不是还可以扩大，还在考虑之中。这两位同志的检讨文件，还要看看他们两位有没有要改动的地方，如果有也可以，改好后再发。”后来，刘少奇对原稿作了一些修改，并加了一小段。检讨稿下发时，没有附毛泽东的批语。

这次中央工作会议上有一个值得注意的情况。毛泽东的《炮打司令部——我的一张大字报》原来不许在社会上传播，周恩来、陈伯达都曾为此在一些场合向群众打过招呼，要求禁止传抄。但陈伯达在会议讲话中引用了《炮打司令部》的全文，会后毛泽东批示将陈伯达的讲话稿“印成小本，大量发行，每个支部，每个红卫兵小队，至少一本”。《炮打司令部》也随之迅速扩散，并在全国掀起了批判刘少奇的高潮。笔者认为，这一措施主要是为了进一步发动群众，以改变大多数领导干部消极抵制的僵持局面。林彪曾讲到这种情况说：“文化大革命是两头的劲很大，中间有一些顶牛”“一直到这次会议以前，我看还是这样的情况”。

从会议期间毛泽东几次讲话看，他要求对刘少奇不能一概否定，要允许改正错误，作为党内问题处理。10月24日晚毛泽东在听取会议情况汇报后说：把写刘、邓的大字报贴到街上不好；要准人家革命，不要不准人家革命，叫学生们把鲁迅的《阿Q正传》看一看；对刘邓要准许革命，准许改，说我和稀泥，我就是和稀泥；对少奇同志不能一笔抹煞。当康生讲到刘、邓在八大的报告中有取消阶级斗争思想时，毛泽东说：我们都看了的嘛，大会通过了的嘛，不能单他两人负责。10月25日他在全体会上说：也不能完全怪刘少奇、邓小平同志，他们两个同志犯错误也有原因。他还说：“北京的问题，到现在可以说基本上解决了。”10月19日，周恩来接见哈工大红卫兵，反复劝阻他们不要到天安门去贴刘少奇的大字报，说：“你们贴到天安门，外国人就会怀疑我们是发动群众制造舆论。少奇同志不是普通党员，也不是普通的领导，就是要撤换也不需要去发动群众……清华同学要把王光美同志叫回去检查，主席还不赞成，主要是考虑群众大会一开，就不好下台。”

从毛泽东这时对刘少奇的态度中可以看出两点：（1）发动“文化大革命”的目的，并非如国内外一些人士分析的那样，就是为了搞掉刘少奇。因为这时刘少奇已经下台，却还要采取各种措施继续发动群众，制造天下大乱，说明“文化大革命”有着更为深广的目标。（2）尽管一个时期以来毛泽东对刘少奇不满，但仍认为是党内问题，不赞成把他打成敌人。

1965年9月，刘少奇、周恩来、朱德等在人民大会堂举办国宴，盛情欢迎西哈努克亲王和夫人。

1966年8月5日，刘少奇欢迎赞比亚工商部长钦巴率领的访华友好代表团。这是他最后一次会见外宾。

二 「大批判」

1 从批判「方向、路线错误」开始
2 所谓「资产阶级反动路线」
3 「革命大批判运动」
4 对《论修养》的大张挞伐
5 所谓「黑六论」
6 公开点名批判

「革命大批判」是「文化大革命」的一个重要内容，其攻击的矛头主要是针对刘少奇。这种对刘少奇的所谓「批判」，完全是一种断章取义、颠倒黑白、无中生有的歪曲攻击，是十分荒谬的。

1　从批判“方向、路线错误”开始

所谓“革命大批判”，是“文化大革命”的一个重要内容，攻击的矛头主要是针对刘少奇。现在可以看得很清楚，“文化大革命”中对刘少奇的所谓“批判”，完全是一种断章取义、颠倒黑白、无中生有的歪曲攻击，是十分荒谬的。

对刘少奇的批判经过了一个逐步升级的过程。1966年8月5日，毛泽东写了《炮打司令部——我的一张大字报》，从此开始了对刘少奇的批判。

有一种观点认为：1965年11月发表姚文元《评新编历史剧〈海瑞罢官〉》，就已经在批判刘少奇；这以后批“三家村”、北京市委、《二月提纲》，都是批判刘少奇；《五·一六通知》也是批判刘少奇，其中“赫鲁晓夫那样的人物”就是指刘少奇。

笔者认为这种说法缺乏根据。因为在这段时间里刘少奇继续受毛泽东委托在第一线主持中央日常工作，包括领导“文化大革命”。《五·一六通知》就是在刘少奇主持的中央政治局扩大会议上通过的。在这期间，刘少奇的地位和周恩来、邓小平等没有什么不同。至于“赫鲁晓夫那样的人物”这一提法的原委，我们在前面已经作过评述。

还有一种说法，也就是林彪1969年4月在九大政治报告中的说法，认为建国后意识形态领域的历次斗争，包括批判《武训传》、《红楼梦研究》，批判胡风，批判文艺战线和文化部、卫生部的“修正主义路线”，都是在批判刘少奇。这就更是无稽之谈了。

所以，笔者认为，只是在毛泽东写了《炮打司令部——我的一张大字报》之后，才真正开始了对刘少奇的批判。

毛泽东的《炮打司令部——我的一张大字报》写于1966年8月5日，8月7日作为八届十一中全会文件发给与会人员。全会随即改变了原来的议程，开始讨论毛泽东的“大字报”，当然也就开始对刘少奇提出批评和批判。批判的内容主要是派工作组，指责这是犯了方向、路线错误。这一指责是没有道理的。派工作组是中央集体决定的，目的是使党的领导不致中断，防止局势失控，谈不上什么“方向、路线错误”，这一点我们在前面已经叙述过。不过，当时的批判只限于八届十一中全会范围内，而且在批判发言时没有指名，会后也没有往下传达。全会没有作出要继续批判刘少奇的决定，刘少奇在全会上也仍当选为政治局常委。所以当时不少人，包括刘少奇本人，都认为问题已经解决了。

2　所谓“资产阶级反动路线”

在中共八届十一中全会以后，“文化大革命”继续受到干部群众的抵制。一个明显的标志是造反派在各单位一直占少数并受到多数群众的谴责。1966年10月1日，林彪在国庆典礼上说：“在无产阶级文化大革命中，以毛主席为代表的无产阶级革命路线，同资产阶级反对革命路线的斗争还在继续。”同日出版的《红旗》第十三期社论中则说：“两条路线的斗争并未就此结束。有些地方、有些单位，两条路线的斗争还是很尖锐，很复杂的。有极少数人采取新的形式欺骗群众，对抗《十六条》，顽固地坚持资产阶级反动路线，”“对资产阶级反动路线，必须彻底批判。”这样，从1966年10月起，又重开批戒，掀起了一个批判“资产阶级反动路线”的高潮。

为批判“资产阶级反动路线”，10月9日至28日在北京召开了中共中央工作会议。10月16日陈伯达在大会上讲话，点名批判刘少奇、邓小平，说：“提出错误路线的，是错误路线的代表人，即刘少奇和邓小平两位同志，他们要负主要责任。”“刘、邓的错误路线有它的社会基础，这个社会基础主要是资产阶级。”林彪在讲话中也点名批“刘、邓路线”，说：“以刘、邓为代表的路线，是压制群众、反对革命的路线。”

这次会上对刘少奇的批判比八届十一中全会进了一步。

十一中全会上对刘少奇的批判还比较温和，没有指名道姓，而且只说“方向、路线错误”，还形不成一个明确的概念。到了工作会议，正式提出了“资产阶级反动路线”这个概念，点了刘少奇、邓小平的名，并且号召“彻底批判资产阶级反动路线”。这个概念和号召为造反派提供了有力的思想武器和行动的合法性。从此，“批倒批臭刘、邓资产阶级反动路线”“砸烂刘邓黑司令部”成了造反派经常性的行动口号。一个“批判资产阶级反动路线”运动由学校到社会迅速铺开。在基层单位中指名批判刘少奇已经毫无顾虑，形形色色的批判会、声讨会、大字报接连不断。全国逐渐形成“打倒刘少奇”的舆论环境。

对“资产阶级反动路线”这个提法，周恩来表示了不同意见。他曾经专门找了毛泽东，提出历来党内路线问题都称“左”倾、右倾，“资产阶级反动路线”没有提过，这一提法是否合适？毛泽东没有采纳周恩来的意见。

“资产阶级反动路线”是一个莫须有的罪名。“文化大革命”初期刘少奇、邓小平在指导运动过程中，是努力按照毛泽东的指示去做的，并没有提出一套相反的主张。在刘少奇、邓小平主持下派出的工作组，在八届十一中全会前就已撤回，刘少奇、邓小平也离开领导岗位“靠边站”，这以后更不可能有什么“资反路线”。

批判刘少奇的“资产阶级反动路线”，尽管在基层愈演愈烈，过火的言论和行动不少，12月18日以后更出现了以“打倒刘少奇”为主要口号的大规模行动，但一直到1967年3月，在官方掌握的报刊上，还没有对刘少奇展开专门的批判，也没有点名。

3 “革命大批判运动”

随着“文化大革命”的狂热发展，1967年3月，开始对刘少奇进行专案审查。与此相呼应，在全国掀起了一场大规模、长时间的所谓“革命大批判运动”。

“大批判运动”开始于陈伯达、康生1967年3月在解放军军以上干部会议上的讲话。本来这是一次研究“三支两军”的会议，陈伯达、康生却在会上作了系统批判刘少奇的长篇讲话，从历史到现实的一系列问题上攻击污蔑刘少奇、邓小平、彭真。

如果说，陈伯达、康生的讲话还属于内部批判的话，1967年4月1日各报刊同时发表戚本禹的长篇文章《爱国主义还是卖国主义？——评反动影片〈清宫秘史〉》，则表明对刘少奇的“大批判”完全公开化了。

戚本禹的文章以“中国赫鲁晓夫”“党内最大的走资本主义道路当权派”作为刘少奇的代名词，用权威的口吻狠批刘少奇，成为“文化大革命”中变相点名批判刘少奇的始作俑者。一直到1968年10月，报刊上发表了数不胜数的“大批判”文章，都采用戚本禹的这种以“中国赫鲁晓夫”或“党内最大的走资本主义道路的当权派”作为代名词，公开批判刘少奇的做法。

戚本禹的文章口气很大，其势汹汹，完全把刘少奇当作敌人对待。这篇文章的宣传声势浩大，除各主要报刊在头版转载外，还在各电台反复广播，在国内外引起了强烈震惊。其中最引人注目的，是文章末尾责问刘少奇的八个“为什么”：

为什么你要在抗日战争爆发前夕，大肆宣扬活命哲学、投降哲学、叛徒哲学，指使别人自首变节，要他们投降国民党，叛变共产党，公开发表“反共启事”、宣誓“坚决反共”？

为什么你要在抗日战争胜利以后，提出“和平民主新阶段”的投降主义路线？

为什么你要在解放以后极力反对资本主义工商业的社会主义改造？反对农业合作化，大砍合作社？

为什么你要在社会主义三大改造完成以后，竭力宣扬阶级斗争熄灭论，积极主张阶级合作，取消阶级斗争？

为什么你要在三年困难时期，与国内外牛鬼蛇神遥相呼应，恶毒攻击三面红旗，鼓吹“三自一包”“三和一少”的修正主义路线？

为什么你要在1962年还重新出版过去那种不要革命，不要阶级斗争，不要夺取政权，不要无产阶级专政，反对马克思列宁主义，反对毛泽东思想，宣扬腐朽的资产阶级世界观，宣扬反动的资产阶级唯心主义哲学的、欺人之谈的大毒草《论修养》？

为什么你要在社会主义教育运动中提出和推行形“左”实右的机会主义路线，破坏社会主义教育运动？

为什么你要在无产阶级文化大革命中，勾结另一个党内最大的走资本主义道路的当权派，提出和推行资产阶级反动路线？

笔者在查阅资料时看到过戚本禹在写作这篇文章过程中的几个稿子。在最初的稿子中，还没有上面这段话。这段话是在3月付印前的最后一稿加上的。可见对刘少奇的批判在三月份是逐步升级的。

戚本禹文章中的八个“为什么”，完全是颠倒黑白、强词夺理的攻击。（1）所谓“指使别人自首变节”，是指1936年薄一波等61人经组织决定履行手续出狱。这件事是当时刘少奇主持的中共北方局请示中共中央批准的，历史上也早已作过结论。（2）“和平民主新阶段”在当时是正确的提法，也是毛泽东首先提出，中共中央通过的。刘少奇只是根据中央的决定起草过一个有这方面内容的内部指示。（3）资本主义工商业的社会主义改造和农业合作化，刘少奇并没有反对，只是主张合作化不要搞得太快。1955年中央农村工作部部长邓子恢根据毛泽东提出的“停、缩、发”方针，压缩了一批合作社。这件事并不错，而且也不是刘少奇提出和处理的。（4）刘少奇从未“宣扬阶级斗争熄灭论”，他只是主张不要处处强调阶级斗争，应该首先发展社会生产力。（5）所谓“三自一包”“三和一少”的修正主义路线完全是捏造的罪名。在三年困难时期，刘少奇主持中共中央作出了一系列调整国民经济的措施，这些措施被实践证明是正确有效的。所谓“三和一少”是指1962年2月中央联络部部长王稼祥就对外工作政策问题提出的建议。这些建议是正确的，而且刘少奇事先并不知道。（6）编辑出版《刘少奇选集》是毛泽东提议，中央书记处决定的。1962年先发表《论共产党员的修养》也是中央决定的。（7）开展社会主义教育运动是毛泽东的指示和中央的决定，刘少奇在指导这项工作中有一定错误，但这正是贯彻了关于阶级斗争的“左”的方针的结果，而不是什么形“左”实右。（8）“文化大革命”中刘少奇是努力按毛泽东的指示去做的，所谓“资产阶级反动路线”并不存在。

早在戚本禹文章发表之前，刘少奇于1967年3月28日致信毛泽东和中共中央，说明自己没有讲过“《清宫秘史》是爱国主义的”这样的话。戚本禹文章发表后，刘少奇又于4月14日向“南海卫东革命造反队”写了一份答辩，回答八个“为什么”的责问，阐明部分事实真相。但均被置之不理，“大批判”照干不误。

戚本禹的文章公开发表后，《人民日报》、《解放军报》、《光明日报》等报刊相继发表社论，号召开展“革命大批判”。4月8日《人民日报》社论《高举无产阶级的革命的批判的旗帜》中说：“在无产阶级革命派夺权斗争的凯歌声中，一个新的伟大战役开始了。我国亿万革命群众，奋起千钧棒，以笔作刀枪，对党内头号走资本主义道路的当权派发起了猛烈的总攻击，对他所提出的资产阶级反动路线，对他所著的大毒草《修养》，展开了革命的大批判。”“彻底批判和清算十七年以来以党内头号走资本主义道路当权派为代表的资产阶级反动路线，是摆在无产阶级革命派和广大革命人民面前的一个战斗任务。”4月20日，江青在北京市革命委员会成立大会上说：“在当前无产阶级革命派联合夺权的这个阶段中，应该开展对党内最大的一小撮走资本主义道路的当权派的大批判运动。”她在9月5日的讲话中更是明白地说出了“大批判”的罪恶用意：“现在对党内头号走资本主义道路当权派的大批判运动正在全国展开，各个战线上都在向他开火。要把他批倒、批臭、批深、批透。我曾经在一个场合讲过，要做到家喻户晓，使他臭得比当年苏联的托洛茨基还要臭。”

从1967年4月开始，“大批判”的文章充斥于各个报刊的版面，真可谓连篇累牍。除报刊外，各单位还张贴了大量的“大批判”大字报。所不同的是，大字报上是随意点名的，内容大都荒诞不经，语言也更为粗俗，而报刊上尚没有直接点名，只以“中国赫鲁晓夫”“党内头号走资本主义道路当权派”作为代名词。

4 对《论修养》的大张挞伐

在所谓“大批判”运动中，刘少奇著的《论共产党员的修养》受到了特别猛烈的围攻。1967年3月上旬，陈伯达、康生在军以上干部会上，传达毛泽东的指示，开始批判《论共产党员的修养》。5月8日，以《人民日报》、《红旗》杂志编辑部的名义，发表了长篇批判文章《〈修养〉的要害是背叛无产阶级专政》。5月11日专门发出中共中央通知，说这篇文章是经过政治局常委扩大会议讨论通过并经毛泽东亲自批准的，“希望各单位的革命同志，认真地组织学习和讨论，进一步深入地开展对党内最大的一小撮走资本主义道路当权派的大批判运动。”

这个通知下发后，在全国上下掀起了一个批判攻击《论共产党员的修养》的浪潮。这本书被叫作“黑《修养》”，报刊上发表了大量批判《论修养》的文章，各基层单位还开了许多专门的批判会、控诉会，大字报更是不计其数。

之所以要下大力批判《论共产党员的修养》一书，是因为这本书是刘少奇的代表作，在党内外、国内外都享有盛誉。对《论共产党员的修养》进行大肆批判，完全是一种不顾历史事实的荒谬行为。这部著作本来是刘少奇1939年7月在延安马列学院的演讲，受到毛泽东的赞扬，同年发表于延安中共中央机关刊物《解放》并出版单行本。延安整风运动中，《论共产党员的修养》是干部必读的文件之一。1960年，根据毛泽东的提议，开始编辑《刘少奇选集》。1962年为配合“七千人大会”精神的传达贯彻，《论共产党员的修养》先行发表，对当时恢复党的优良传统作风起了很好的作用。长时期以来，刘少奇的这部著作一直是共产党员加强党性锻炼的学习书籍，在党的建设中作出了不可磨灭的贡献。焦裕禄、雷锋等很多人成为优秀共产党员，都同学习这部著作有很大的关系。历史证明，《论共产党员的修养》是一部马克思主义的光辉著作。

5 所谓“黑六论”

对刘少奇的“批判”，在相当长一段时间里可谓乱箭齐发，看起来沸沸扬扬，但没有什么条理。后来逐渐归纳出所谓“黑六论”，即“阶级斗争熄灭论”“驯服工具论”“群众落后论”“入党做官论”“党内和平论”“公私溶化论”。这个提法经1968年10月《红旗》杂志第4期社论《吸收无产阶级的新鲜血液——整党工作中的一个重要问题》中首次提出后，立即在全国开展了对所谓“黑六论”的大批判。

所谓“黑六论”，完全是江青、陈伯达、康生等人强加给刘少奇的罪名。在刘少奇的全部著作和讲话中，从来没有作过这六个方面内容的论述。批判者们断章取义地摘取几句刘少奇的话，然后加上一个帽子，就成了所谓的“黑六论”。

（1）所谓“阶级斗争熄灭论”。刘少奇连“阶级斗争熄灭”这样的话都没有说过，更不用说“论”。相反，按现在的观点来看，当时刘少奇对阶级斗争还是说得比较多的。但他不主张把阶级斗争强调过分，思想上是不同意“以阶级斗争为纲”的。1956年9月举行的中共第八次全国代表大会决议指出：国内主要矛盾，已经不再是无产阶级和资产阶级的矛盾，而是人民对于经济文化迅速发展的需要同当前经济文化不能满足人民需要的状况之间的矛盾。刘少奇在八大所作的政治报告中讲到：官僚买办资产阶级已经在中国大陆上消灭了，除个别地区外，封建地主阶级也已经消灭了，富农阶级也在消灭中，民族资产阶级分子正处在由剥削者变为劳动者的转变过程中，“改变生产资料私有制为社会主义公有制这个极其复杂和困难的历史任务，现在在我国已经基本上完成了。我国社会主义和资本主义谁战胜谁的问题，现在已经解决了。”“现在，革命的暴风雨时期已经过去了，新的生产关系已经建立起来，斗争的任务已经变为保护社会生产力的顺利发展。”（《刘少奇选集》下卷第203、219、253页）他在1957年的一些讲话中又说：对少数反革命分子要提高警惕，对农村地主阶级的残余不能麻痹大意，但是他们作为阶级已经消灭或基本上消灭了；经过社会主义改造，资产阶级作为阶级也基本上消灭了，所以说国内主要的阶级斗争已经基本上结束了，或者说基本上解决了，现在人民内部的矛盾已成为主要矛盾。（《刘少奇选集》下卷第296页）刘少奇的这些论述是对中共八大路线的具体阐述，是符合客观实际的正确观点。但由于这些论述同“文化大革命”中盛行的“左”的一套不符合，所以被扣上“阶级斗争熄灭论”的帽子。

（2）所谓“驯服工具论”。这一说法来自刘少奇同《北京日报》编辑部的一次谈话。1958年，《北京日报》开展了“共产党员应不应该有个人志愿”的讨论，刘少奇针对讨论中提出的问题，去北京日报社同编辑部同志座谈，讲了党员应该正确处理个人同党的关系问题。他批评了“有些人把党当成汽车，他是开汽车的，想爬到党的身上驾驭党”的现象，提倡党员个人应该服从党的需要，说：“作党的工具好不好？作驯服的工具好不好？很好。”同时他又说：“每个人应该有所作为，力争上游，应有伟大的个人理想。”

“作驯服的工具”只是一个比喻，当然不那么确切，但刘少奇讲话总的意思，是要求共产党员应该服从党的分配，把党的利益放在第一位。“大批判”运动中把刘少奇的话断章取义，然后又上纲上线说这是提倡奴隶主义，这是一种恶意的歪曲攻击。

（3）所谓“群众落后论”。刘少奇根本没有也不可能说“群众落后”这样的话。“大批判”中也引用了刘少奇的片言只语来批判，我们一对照原文，就可以看出这里根本没有“群众落后”的意思。

“大批判”中被批判为“群众落后论”的主要是下面两段话：

一是1941年6月刘少奇在《人的阶级性》一文中对农民阶级特性的分析：“由于农民长期附着在土地上进行散漫的、独立的、简单、自给的、彼此不大互相协作的生产，和他们简单的独立的生活样式，以及他们对于地租劳役的负担等，就养成农民的散漫性、保守性、狭隘性、落后性，对于财产的私有观念，对于封建主义的反抗性及政治上的平等要求等等。”

二是刘少奇1949年3月在中共七届二中全会上的发言中，讲到应该如何在新解放的城市开展工作的意见：“工人是必须依靠的。但工人是否可靠呢？马克思主义认为，工人阶级是最可靠的。这是一般说的。具体地说，则还有问题，因此，我们必须努力工作，使工人阶级完全可靠。如我们疏忽，不做工作就去依靠，那是靠不住的。”（《刘少奇选集》上卷第421页）

这两处对农民和工人的分析，同马克思等革命导师的论述是一致的。

（4）所谓“入党做官论”。刘少奇曾经讲过入党和“做官”等的关系问题，原话是这样的：

1951年4月他在第一次全国组织工作会议上说：“在有些人看来，现在加入共产党，不独不要担负什么艰险，而且可以获得个人的许多保障以及荣誉、地位等等。这时，落后分子、反动分子就会希望加入我们党，而且有不少的坏分子积极地要钻入我们党内来。客观的自然的限制没有了，如果我们又不在主观上加强限制，就是说，不更加提高党员的条件，不更加严格入党的手续，那就会有大批的落后分子、投机分子、反动分子混入到党内来。这对于我们党则是一种严重的危险。”（《刘少奇选集》下卷第68页）

1956年12月4日刘少奇在各省市自治区党委组织部长会议上讲到：“在发展新党员时，要对新党员讲清楚：不能为了‘要当长，先入党’，党员并没有什么特权，仅仅是担负更多的义务，要吃苦在前，必要时还要牺牲个人的利益。”

“四人帮”一伙竟然将这些话说成是刘少奇宣扬“入党做官论”，实在是荒谬绝伦。

（5）所谓“党内和平论”。在党内斗争问题上，中国共产党历史上有过成功的经验，也有过惨痛的教训。王明“左”倾机会主义者在党内实行“残酷斗争、无情打击”，曾使党蒙受巨大损失。刘少奇在总结党内斗争历史经验的基础上，写了《论党》、《论党内斗争》、《论共产党员的修养》等著作，全面论述了正确开展党内斗争的问题，对党的建设作出了重要贡献。刘少奇在阐述了对党内的错误思想必须进行严肃斗争的同时，也强调了党内团结的重要性，并对“机械过火的党内斗争”进行了批评。

他在《论共产党员的修养》一书中说："党内的'左'倾机会主义者对待党内斗争的态度，他们的错误是很明显的。按照这些似乎疯癫的人看来，任何党内和平，即使是在原则路线上完全一致的党内和平，也是要不得的。他们在党内并没有原则分歧的时候也硬要去'搜索'斗争对象，把某些同志当作'机会主义者'，作为党内斗争中射击的'草人'。"（《刘少奇选集》上卷第162—163页）

《论党内斗争》这部著作也对这种党内斗争中的错误偏向提出了批评："上述这些，是中国党内斗争中的一种偏向，是在中国党内特别严重的（在外国党内虽然也有）一种偏向。这就是党内斗争进行得过火、进行得毫无限制，走到另一个极端——党内斗争中的'左'倾机会主义、党的组织上的'左'倾机会主义（否定党内民主，否定原则上一致的党内和平，否定工会及其他群众组织的相对的独立性，否定党员的个性及其自动性、创造性等）。"（《刘少奇选集》上卷第188—189页）

在党的历史上，吃"左"倾路线的亏实在太大了。因此刘少奇的这些论述是极为可贵的真知灼见。

（6）所谓"公私溶化论"。这是刘少奇在一些谈话中用了"吃小亏占大便宜"这样的比喻，就被加上了"公私溶化论"的帽子。刘少奇的原话是这样说的：

1960年1月31日在同王光英一家谈话中说："个人、集体，部分、整体，暂时、长远，是能统一起来的。总不能坚持个人的，总要有一个服从一个，那一个服从这一个。在某种时候，个人要吃点亏。办大家的事情，是占人点便宜好？还是吃点亏好？我看宁愿吃点亏。人家不干的，你干，这不是吃了亏吗？要宁愿吃这个亏，这叫吃小亏，占大便宜。一心一意工作，可能人家一时不了解，也许会说是沽名钓誉，一天看不清楚，一年看不清楚，但是十年二十年会看清楚。占小便宜，人家会看清楚的。”“吃点小亏，占大便宜，是向相反方向发展的规律。整天想到个人，最后是没有个人利益，个人利益还要丧失一部分。为人民做事，大家就会照顾。”

刘少奇这次谈话的意思，是要人们正确对待个人利益和集体利益的关系。在别的一些场合，他也多次讲过这样的意思。例如1957年3月22日他在长沙市中学生代表座谈会上说：“我建议同学们不要怕自己吃亏，不只是这一回，以后无论做什么事，我劝你们都要有意识的吃点亏，不要占人家的便宜。”“我又劝你们当‘傻子’。所谓‘傻子’，就是舍得吃苦，跟人民的关系上宁愿自己吃一点亏。中国有句老话：‘吃苦在前，享福在后’，要‘先天下之忧而忧，后天下之乐而乐’。”从这些讲话里面，根本得不出什么“公私溶化论”来。

6 公开点名批判

1968年10月，召开了中共扩大的八届十二中全会。全会在极不正常的情况下通过了由江青、康生、谢富治等人凭伪证写成的《关于叛徒、内奸、工贼刘少奇罪行的审查报告》。全会的公报中称："把刘少奇永远开除出党，撤销其党内外的一切职务，并继续清算刘少奇及其同伙叛党叛国的罪行。全会号召全党同志和全国人民继续深入展开革命大批判，肃清刘少奇等党内最大的一小撮走资派的反革命修正主义的思想。"

从这次会议的公报起，报刊上开始直接点名批判刘少奇，不再用"中国赫鲁晓夫"等名词代称。这种公开点名批判一直持续到"文化大革命"结束。

虽然八届十二中全会号召"继续深入展开革命大批判"，但这以后"文化大革命"出现了新的矛盾，林彪、江青反革命集团注意的重点已不在刘少奇身上。"大批判"逐渐流于形式，报刊上的"大批判"文章大都是空洞的谩骂，已经拿不出一篇像样的东西了。

纵观整场"革命大批判运动"，完全是林彪、江青一伙为达到篡党夺权的目的，采用断章取义、颠倒黑白、歪曲事实的手法，以左倾错误思想批判正确的思想，制造反革命舆论。“大批判”在政治上、理论上、思想上造成了极大的混乱，以至于党在粉碎“四人帮”以后，用了很大的精力拨乱反正，澄清是非。

1966年8月中共八届十一中全会后，在重新选举的中央政治局常委中，刘少奇从第二位下降到第八位。这是他在接见红卫兵大会的主席台上。

1966年10月1日，毛泽东、刘少奇、宋庆龄等在天安门城楼上。这是刘少奇最后一次在国庆节登上天安门城楼。

三 专案审查

1 立案的背景
2 成立专案组
3 江青一伙不择手段制造伪证
4 伪证出笼经过
5 在极不正常的情况下定案

在「文化大革命」中，「专案审查」是审查和打倒干部的一种最常用的方式。红卫兵、造反派都可以擅自设立专案组，给他们要打倒的干部罗织种种罪名。其结果是造成了大量的冤假错案，一大批干部遭受迫害。

1　立案的背景

1966年8月中共八届十一中全会后，刘少奇受到批评，不再参与中央领导工作。10月中共中央工作会议后，全国开展了批判“刘邓资产阶级反动路线”的热潮，刘少奇处于受批判的地位。但在这时以及之后的相当一段时间里，毛泽东仍把刘少奇作为党内问题和人民内部矛盾对待，并不是要打倒他，也没有要对他立案审查。

这有许多事实可以证明：

1966年11月3日，在一次接见红卫兵的群众大会上，毛泽东在天安门城楼主动找刘少奇谈话，问候了刘少奇家人的生活情况。当刘少奇表示要到群众中去接受锻炼时，毛泽东说：你年纪大了，就不要下去了。

1967年1月初，北京建筑工业学院两派红卫兵组织几次“勒令”刘少奇到该院作检查。毛泽东获悉后派人转告刘少奇不要去，并于1月6日批示要周恩来处理此事：“此件请你酌处。我看还是不宜去讲。请你向学生方面做些工作。”1月7日凌晨，周恩来接见北京建筑工业学院学生代表，制止了他们的行动。

1967年1月13日，毛泽东把刘少奇接到人民大会堂单独谈话，要他“好好学习，保重身体”。

1月17日，毛泽东会见一位外国共产党领导人，在谈话中提到刘少奇时，仍称“刘少奇同志”，并且说：“刘、邓是不是能选上（按：指中央委员），我的意见还是应该选上。”2月12日至18日，毛泽东在同张春桥、姚文元的三次谈话中也讲到，刘少奇看来九大还要选他当中央委员。

毛泽东什么时候改变了不打倒刘少奇的态度呢？根据现有材料分析，作出这一改变的时间大约是1967年3月。3月16日，毛泽东同意在重印《毛泽东选集》时删掉原有的赞许刘少奇的一段话。同日，经毛泽东批准，中共中央印发了关于薄一波、安子文等61人1936年出狱问题的材料，在批语中用了“刘少奇策划和决定”“刘少奇、张闻天这个叛卖的决定”等严厉的字眼。3月21日，毛泽东同意调查刘少奇的历史问题。

是什么促使毛泽东改变了对刘少奇的态度？笔者认为主要是两个原因：一是听信了林彪、江青等人的诬陷，二是“文化大革命”恶性发展的结果。

首先是林彪、江青一伙的阴谋陷害。林彪、江青集团中的骨干分子，几乎都是靠反刘少奇起家和攫取高位的。他们当然不愿意看到继续保留刘少奇的任何职位，从而留下可能对他们的地位和野心构成威胁的障碍。同时他们懂得，不经过毛泽东点头，打倒刘少奇是不能实现的。于是，他们借用群众揭发和专案工作等名义，竭力对毛泽东施加影响。

早在1966年8月，中共八届十一中全会尚未结束，林彪的妻子叶群于8月11日、12日两次找总参谋部作战部一位副部长，向他口授诬陷刘少奇的材料，要他写成书面揭发上报。13日，林彪在住处找这位副部长谈话，要他把书面揭发改成向林彪和毛泽东写信的形式上报，并说：“这样更政治化些。”当天，林彪就把这位副部长写的信和诬陷刘少奇的材料批送江青，要她

“酌转”毛泽东。

在诬陷刘少奇的阴谋家当中，康生是一个十分毒辣的角色。也是在1966年8月13日，康生让他的妻子曹轶欧出面，向中央一位领导同志写信，揭发王光美的所谓“问题”，并攻击刘少奇包庇王光美。这封揭发信在部分中央领导人中间作了传阅，最后也报到了林彪手里。9月16日，康生亲自给毛泽东写信，重新提出1936年薄一波、安子文等61人经组织决定出狱一事，并把它挂在刘少奇的账上，说什么“少奇的决定，就使这些人的反共叛党合法化了”。这是康生很阴毒的一招，使毛泽东把刘少奇和整个干部队伍的问题看得更加严重。

在“怀疑一切，打倒一切”极左思潮的影响下，群众中也捕风捉影地揭发出了各种各样的问题。特别是许多红卫兵、造反派，为显示自己革命，都想在打倒刘少奇问题上立大功。于是，把许多道听途说、张冠李戴的事情，郑重其事地整理成书面材料层层上报。林彪、江青一伙利用这一情势，有计划、有预谋地将这些材料择要报送毛泽东，有的并在一定范围内印发传阅。在相当长一段时间里，形形色色的揭发材料，包括说刘少奇三次被捕叛变等假材料，源源不断地都通过各种渠道摆到了毛泽东的面前。

不难想见，当毛泽东接二连三地读到和听到这些材料时，不能不为所动。特别是毛泽东原先闻所未闻的所谓刘少奇历史上几次被捕叛变等情况，终于使他从根本上改变了对刘少奇的看法。从毛泽东以后的多次谈话看，在这些连篇累牍的材料当中，对他影响最大的还是所谓“被捕叛变”问题。后来他在同外宾以及内部谈话中，在讲到刘少奇问题时，一再说“那时还不知道他的历史情况”，是“我们红卫兵现在查出来的材料”，并多次讲了所谓“被捕叛变”的例子。

其次，随着“文化大革命”局势的疯狂发展，“打倒刘少奇”逐渐成为运动进程中所不得不采取的步骤。进入1967年以后，在上海“一月风暴”的影响下，全国各地造反派纷纷抢印夺权，派性恶性膨胀，局势混乱不堪。毛泽东虽然采取了命令解放军“三支两军”、号召大联合、停止串联等一系列措施，但未能奏效。这种骑虎难下的局面，很需要有一个表面上符合运动逻辑的举动，在一定程度上吸引人们的注意力，统一各方面的思想。当时已经别无良方，只有把刘少奇一案的性质再次升级。

1967年2月前后发生了谭震林、陈毅、叶剑英（均为中央政治局委员）等老革命家拍案而起，对“文化大革命”的错误做法提出激烈批评的所谓“二月逆流”事件。同时，所谓“向走资派夺权”的部署在全国各地引起了干部群众的不满，受到了普遍的抵制。毛泽东既然在全局上坚持“文化大革命”，当然不能容忍这种种行为，于是认为运动遇到了“刘少奇代理人”的抵抗，“从上至下各级都有这种反革命复辟现象”。这样，为了击退所谓的“复辟逆流”，为了通过“集中矛头、团结对敌”来克服派性，在一定程度上约束全国性的动乱，就不得不一错再错，把刘少奇问题彻底端出来。

林彪、江青一伙在打倒刘少奇问题上起了极为卑劣的推波助澜的作用。他们除了不断向毛泽东递送诬陷材料外，还利用各种机会煽风点火，在群众中制造打倒刘少奇的舆论，使之成为既成事实。

1966年12月18日下午，张春桥以“中央文革小组”副组长的身份，在中南海西门单独召见清华大学造反派头头蒯大富，指使他发起打倒刘少奇的行动。1980年11月27日在公审林彪、江青反革命集团主犯的特别法庭上，蒯大富对这次召见作证说：“在我与张春桥的这次谈话中，张春桥给我下达了‘要把中央那一两个提出资产阶级反动路线的人搞臭’，也就是说，‘要把刘、邓搞臭’这样一条明白无误的指示。张春桥以他中央文革小组副组长的身份，用单独约见这种形式，向我交了底。”果然，蒯大富回校后，立即筹备公开煽动“打倒刘少奇”的大规模行动，即所谓“12·25大行动”。12月25日，蒯大富率领5000余名造反派，在天安门广场召开“誓师大会”，又分五路到北京主要闹市区广播、演讲、散发传单，大量张贴“打倒刘少奇”“和刘、邓血战到底”等大标语、大字报，并且醒目地贴上了天安门城楼。12月27日，北京各高等院校造反派在工人体育场召开“彻底批判刘邓资产阶级反动路线大会”，公然宣称“刘少奇、邓小平是党内最大的资产阶级当权派，是中国现代修正主义的祖师爷、资产阶级司令部的黑司令”。一时间，社会上掀起了一股狂潮，强使群众接受“倒刘”现实。

与此同时，江青等人有意发动各方面的力量，制造“倒刘”舆论。

12月30日，江青、姚文元、王力、关锋等“中央文革小组”成员到清华大学，向组织“12·25大行动”的蒯大富表示“坚决支持”。

12月31日，江青单独召见刘少奇的女儿刘涛，拉拢说：“是毛伯伯和我对你好，还是刘少奇、王光美对你好？所以你要明白，要彻底跟刘少奇划清界线，要跟毛伯伯和我走，不要跟他们走。”在江青的策动下，刘涛写了大字报。

1967年1月4日，康生在人民大会堂小礼堂把准备好的一卷刘少奇讲话材料交给蒯大富，叮嘱他“回去后要组织批判”。

蒯大富接受任务后，几天内就组织人马贴出了一大批大字报。1月10日，康生在中央高级党校煽动说："说刘少奇是全国党内最大的走资本主义道路的当权派，这是你们党校对全国的贡献。"

"中央文革小组"成员戚本禹亲自出马，直接指使中南海内的造反派去批斗刘少奇。从1967年1月1日起，刘少奇在住处接连受到围攻、揪斗。

1月6日，清华大学的造反派设下所谓"智擒王光美"的圈套，绑架了王光美（后在周恩来的干预下释放）。

1月9日，谢富治在接见全国公、检、法系统赴京代表时，号召"全国政法战线立即行动起来，向赫鲁晓夫式的人物刘少奇、邓小平开火！"

由于江青一伙的策动，到1966年底、1967年初，"打倒刘少奇"的活动蔓延到全国，并且愈演愈烈。毫无根据地攻击、丑化刘少奇的行为到处出现，对此不但没有人出来制止，而且不容许人们提出任何相反意见。全国已经形成"打倒刘少奇"的舆论环境。

对刘少奇进行专案审查，就在这种复杂背景下开始了。

2 成立专案组

专案的本意是指需要专门处理的重要事件或案件。在“文化大革命”中，它被作为审查、打倒干部的一种最常用的方式，难以数计的干部被列为专案对象。红卫兵、造反派都可以擅自设立专案组，给他们要打倒的干部罗织种种罪名。其结果是造成了大量的冤假错案，一大批干部遭受迫害。1978年12月中共十一届三中全会总结了这方面的沉痛教训，指出：“会议认为，过去那种脱离党和群众的监督，设立专案机构审查干部的方式，弊病极大，必须永远废止。”

“文化大革命”中在对刘少奇进行专案审查之前，先成立了“王光美专案组”。令人惊讶的是，对设立专案组审查刘少奇、王光美这样重大的问题，既没有正式的决议，也没有正式的书面文件。这是“文化大革命”中的众多怪事之一。现在，我们只能根据当时留下来的零星材料，结合一些当事人的回忆，大致看出成立专案组的过程。

1966年冬，在极左思潮泛滥、“倒刘”气氛日浓的情况下，各地冒出了一些揭发刘少奇、王光美有“历史问题”的材料。在12月的一次中央碰头会上，议论了这些情况并提议组织班子进行审查。但当时刘少奇还是政治局常委、国家主席，因此不便直接设立审查刘少奇的专案组，决定先设立王光美专案。大约在12月15日至18日之间，拟出了一个“王光美专案小组领导成员名单”。这份手写的、字迹潦草的“名单”侥幸保留了下来。它既没有标题，也没有日期，更没有注明是在什么会议上、由哪些人研究决定的。然而，就是这份无头无尾的“名单”，却是设立“王光美专案组”的依据。“名单”全文如下：

谢富治（组长）

江 青　　汪东兴

萧 华

叶 群

伯 达（顾问）

据当事人回忆，“名单”中江青换成汪东兴，是江青出于某种原因自己提出来的。要陈伯达当顾问是林彪提议的。从字迹看，圈掉江青，添上汪东兴，是林彪的手迹，“伯达（顾问）”几个字则是陈伯达所写。这两处的字体和其余名字的字体不一样，显见是后来所作的增改。大概是为防止同别的材料搞混，保管的工作人员在“名单”的上方加了“王光美专案小组领导成员名单1966. 12. 18. 富治同志交来”几个字。

“领导小组”确定后，从军委办公厅、公安部等单位抽调了四名工作人员。1966年12月18日晚，由谢富治（当时任中央政治局候补委员、书记处书记、国务院副总理兼公安部长）、汪东兴（当时任中央办公厅主任）主持，在中南海西楼的一个小会议室里，召集抽调来的人员开会，正式成立专案组。当时宣布“名称暂叫中央办公厅丙组”，指定军委办公厅的一位秘书处长负责。

会上，谢富治拿出上面介绍的那份“王光美专案小组领导成员名单”，交给专案组一位工作人员，要他们好好保存。

1967年3月，随着“文化大革命”的恶性发展，刘少奇问题明显升级，毛泽东似乎也改变了原来的态度。3月9日、10日，陈伯达、康生在部队军以上干部会上讲话，点名对刘少奇从历史到现实进行了系统的批判。3月21日下午7时半，毛泽东、林彪等部分中央政治局常委接见与会人员后，留下来议论一些问题。议论中对有人提到“刘耀祖案中涉及刘少奇在1927年叛党嫌疑问题”作了研究，决定把这方面的材料交“丙组专案办公室”即“王光美专案小组”的办事机构“调查研究”。据戚本禹回忆，这项工作当时指定由康生分管。

议论时没有记录，后来也没有形成文件或会议记录。康生似乎对这种方式有点心虚，而这件事又归他管，所以事后他特地让工作人员写了一份备案性质的简短材料。这份材料中记载有：“共同研究之后，决定：”“关于刘少奇1925年在长沙被捕、1927年叛党嫌疑及1929年在沈阳被捕等材料，交丙组专案办公室调查研究。”康生亲笔在这份材料的下面注了一行字：“一九六七年三月二十五日林彪、恩来、伯达、康生都看过。”

这份既无台头又无落款的很不正规的材料，就成了对国家主席刘少奇进行专案审查的依据。

据参加过“刘少奇专案”工作的肖孟回忆：1967年夏，有一次肖孟问康生，设立刘少奇、王光美专案组有没有文字的批示？康生说，毛主席在西郊机场接见红卫兵时他曾汇报过，并写过一个备忘录交给了中央办公厅负责人。

现在分析，康生所说的“备忘录”就是这份书面材料。

需要指出的是，这份书面材料表明，当时只是决定把有关材料“交丙组专案办公室调查研究”，并没有说要成立刘少奇的专案组。但康生、江青等人在后来的实际操作中却设立了一个相当庞大的“刘少奇专案组”。

刘少奇当时还是中共中央政治局常委、国家主席，凭这样一纸不伦不类的所谓“备忘录”，就对一位经过中共中央全会、全国人民代表大会选举出来的高级领导人立案审查，充分说明“文化大革命”中法制的破坏是何等严重！庄严的党章、宪法已成了一纸空文。

审查刘少奇是谁提议的？据戚本禹1979年12月回忆，是“由陈伯达向主席提起刘、王的历史审查问题”。而笔者在1987年11月访问陈伯达时，陈伯达又说“这件事是江青提出来的”。好在这个问题并不十分重要，这里姑且录以存之。

这个专案组的名称很混乱。1966年12月刚成立时叫“王光美专案小组”，对外叫“中央办公厅丙组”。1967年3月康生在那份“备忘录”中又把它叫做“丙组专案办公室”。1967年5月中旬，谢富治向“丙组”人员宣布：“丙组”改为“刘少奇、王光美专案组”，对外叫“五〇四组”，组织上归中央专案审查小组第一办公室领导。在该专案组的内部文件中，也是几种名称混用，有时单独用“王光美专案组”或“刘少奇专案组”，有时用“刘、王组”。

这个专案组在中共八届十二中全会对刘少奇定案后继续存在，大约到1973年6月以后才结束使命。这过程中有一个值得注意的现象：虽然专案审查刘少奇从1967年3月就已正式开始，5月以后进展加速，但一直到1968年4月中旬以前，关于刘少奇案情的各种请示报告和对外联系工作仍用“王光美专案组”名义，1968年4月下旬起才用“刘少奇、王光美专案组”的名义。这可能也是江青、康生、谢富治等人心虚的一种反映。

专案的领导成员和工作人员变动更大。1966年12月刚成立时领导成员中有萧华（当时任总政治部主任），不久萧华遭到诬陷迫害，当然也就不可能再参与其事。1967年9月11日，谢富治亲笔写了一个便条：“王光美专案成员于下：江青、谢富治、戚本禹、汪东兴、叶群组成王光美专案小组。请总理、伯达、康生同志批。原来的萧华同志不再参加了。”

这时的“王光美专案小组”，实际上已经是“刘少奇、王光美专案组”，谢富治再次被任命为组长。当时戚本禹还被任命为副组长，过了没多久，他也被揪出打倒。

究竟有多少人参加了“刘少奇、王光美专案”的工作？现在已经难以准确统计。专案组的组织机构几经改组、扩充，工作人员也就不断调整、增加。1966年12月刚成立“王光美专案小组”时，只有几名工作人员，以后陆续增加到数十人。工作人员中有相当一部分只参与了某一项工作或一段时间的工作，经常有人调进调出。有一个时期还在专案组之外成立了若干个“外围组”，担负一些次要工作。至于从一些省、市、地方部队、红卫兵组织中抽调人员配合工作或参与局部工作的，那就更多了。例如：集中关押该案嫌疑犯的北京第二监狱，一次就从军队借调了100多名干部做审讯工作。为查所谓“1929年刘少奇在沈阳自首叛变”的证据，仅沈阳一地就组织了400人的“彻查队伍”查阅敌伪档案。

专案人员中有些人因不被信任而调出或清除出专案组，有的甚至被关押坐牢。1967年11月，谢富治等下令将公安部调来的人全部撤出，另从军队调来一批干部取而代之。曾担任专案具体负责人的肖孟，被江青点名批评为“右倾”，于1967年11月被逮捕入狱。

尽管专案人员有很大变动，但这项工作一直处于江青、康生的操纵之下。前台的直接负责人则主要是谢富治。

1968年2月22日，谢富治在专案组的一份报告上批道：“大叛徒刘少奇一案，主要工作都是由江青同志亲自抓的。今后一切重要情况的报告和请示都要直接先报告江青同志。”6月27日下午，谢富治又向专案组人员谈了这一问题。当时一位专案人员的笔记本上就记载着谢富治这样的指示：“今后，应当原原本本的向江青同志报告，并要把犯人的原件供词送上。”“要有组织观念，脑子里要有个江青同志，重大事要请示江青同志，有利于把案子搞好，有利于把叛徒抓完，有利于把文化大革命搞好。”据戚本禹回忆，中央常委要康生分工负责刘少奇一案，说：“主席把这样重要的工作委之于康生，康生很高兴。那时陈伯达与康生闹矛盾，把康生的夫人从中央文革办公室挤走了，康生情绪一度不太好。主席委托他这项重要任务以后，他的情绪又好起来。”

整个专案工作过程受江青、康生、谢富治这三个人操纵和直接指挥的痕迹是非常明显的。要事都要向他们直接汇报，专案材料和工作报告都要首先经过他们之手才能上报或作进一步处理。他们还不断地划框框、定调子，然后要专案组搜集材料。稍不如他们的意，轻者批评、整顿，重者调离、关押，一直到按他们的旨意行事，达到他们的要求为止。

3　江青一伙不择手段制造伪证

中共十一届三中全会以后，中共中央纪律检查委员会和中央组织部对刘少奇一案进行了复查。结果证明，在江青、康生、谢富治等人主持下搞出来的《关于叛徒、内奸、工贼刘少奇罪行的审查报告》，没有一项指控是符合事实的。他们采取弄虚作假、断章取义、逼供信等恶劣手段，拼凑材料，伪造证据，报送中央和毛泽东，欺骗全党和全国人民。

伪证为什么能够制造出来？原因很复杂，主要是林彪、江青一伙的有意迫害，而“文化大革命”中的极左路线，则为他们的非法活动提供了条件。到1966年底，“打倒刘少奇”的行动已经从北京蔓延到全国。12月，北京地区一些老红卫兵，因为刘少奇鸣不平，被“中央文革”下令抓了起来。中央政治局常委、书记处书记陶铸，也因为有过一些保护刘少奇、邓小平的言论，被打成“中国最大的保皇派”，于1967年1月被突然打倒。在强大的政治压力下，从普通群众到高级干部，只准说刘少奇坏，不准说刘少奇好。同时，在“打倒一切”“全面内战”的局势下，社会秩序一片混乱，法制破坏殆尽，使江青、康生之流得以为所欲为，以售其奸。

伪证是怎样制造出来的？现在看来，直接的手段主要是刑讯逼供、弄虚作假（对此我们在下一节中具体叙述），间接的手段大致有以下三个方面：

（1）先定性，后罗织罪名。1966年12月下旬，在尚未对刘少奇作任何审查的情况下，江青一伙就宣称刘少奇是打倒对象，鼓动造反派采取“倒刘”行动。12月31日江青在同刘少奇女儿刘涛谈话中说：“你要知道刘少奇的问题早就定了，现在不解决，是因为怕全国人民转不过弯来。”到了1967年，根据一些揭发材料成立了刘少奇的专案组，但还没有来得及进行调查核实，江青、康生等人却在不同场合的讲话中，提到刘少奇时总要毫无根据地冠以“反革命”“大叛徒”等帽子。1967年4月1日公开发表的戚本禹《爱国主义还是卖国主义》一文，更以权威的口吻宣称：“你（指刘少奇）根本不是什么‘老革命’！你是假革命、反革命，你就是睡在我们身边的赫鲁晓夫！”8月4日康生对专案组人员说：“刘、邓、彭、罗、陆、杨等是老干部、是老革命吗？他们是一贯的反毛泽东思想的大叛徒、老反革命。”谢富治曾对专案组工作人员说：“对刘、邓、陶要作拼死的斗争，坚决打倒。办案就是伟大的革命，就是你死我活的斗争。”

在一段时间里，专案组费尽力气仍未找到能说明刘少奇所谓“自首叛变”的证据。江青对此大为恼火，1968年3月13日在专案组会议上说：“我觉得你们现在主要是思想不解放，右倾保守，要解放一下思想么！”她武断地说：“刘少奇是个大叛徒、大内奸、大特务，小将整理的材料，比你们整理的好。你们现在的材料有进展，但有好多东西没有超过红卫兵的材料。”

（2）对办案人员威逼利诱。江青、康生等人对抽调来参加专案组工作的人员，用又打又拉的手段不断施加压力，严密控制。平时，他们一再强调专案对象都是敌人，对这些人要狠。

1967年10月23日，谢富治在中央专案小组办公室会议上说："所有列入专案的，都是反对以毛主席为首的无产阶级司令部的人，要同这些人作坚决的不可调和的斗争，绝不能施仁政，不能妥协。"康生说："现在打的是尖锐的隐蔽的国共战争，没有坚强的阶级（立场），专案是搞不好的。"康生还假惺惺地对办案人员说："你们的前途很伟大，不要骄傲，你们是中央信任的干部。一个同志为党中央所信任，所依靠，比什么级别都重要。""你们填干部履历表，填上哪年哪月在中央搞专案，比提级还光荣。"江青也多次吹捧"搞专案的同志是无名英雄""是毛主席的好战士"。但当办案人员稍有不慎，或有不同意见，轻者被他们斥为"右倾"，重则逮捕入狱，有的受到处分或被送回原单位批斗。"刘、王专案组"的领导成员换了三次，有两个人被关进监狱。

1968年3月13日江青在八个专案组会议上批评"刘、王专案组"说："有个案子我很不满意。王世英说他半身不遂，还能全家去照相，摔了一跤，也没有死。你们右倾，不要嫌我说话尖锐，王世英是怎么回事？我看肖孟对他就是有包庇。"6月27日，谢富治专门召集专案组开会，批评专案组向江青请示汇报不够，其中说："你们老犯错误，老不转变，怎么行呢？是否仍按肖孟的胆大包天办事？"肖孟曾是专案组的负责人之一，后来被关进秦城监狱5年。1979年12月他在回忆中说："他们不断给专案施加压力，反右倾。在调查、看材料中，如实反映某些情况时，就以客观主义、扩散专案材料等罪名，停止专案人员工作，查封档案材料，有的被赶出专案组，甚至被关起来。搞专案的人思想负担很重，精神压力很大。在我被关进秦城监狱后，甚至有这种想法，宁肯坐牢，也比按那些人的旨意昧着良心办事为好，倒感觉自慰一些。”

（3）剥夺被审查人申诉、申辩的权利。无论是刘少奇、王光美本人，还是那些牵连进来的审查对象，都没有机会也不准许为自己申诉、申辩。在专案组存在的三年时间里，从未同刘少奇、王光美接触过，一次也没有听取过他们的申述。据专案组负责人肖孟回忆：“专案组曾向江青、康生、谢富治等提出这个问题，但他们拒不同意专案组和刘少奇同志见面和接触。这一方面说明对专案组的人不信任，另外，怕露出破绽，甚至怕专案组受影响而不能按着他们的指令办事。”

对其他受到牵连的人和所谓“嫌疑”人员，一旦被列为审查对象，就只能交代问题，不准申辩和上诉。这些人只要一申辩，便被斥为“不老实”“翻案”“顽抗到底死路一条”，受到更加严厉的批斗。审讯时对为自己辩护的供词，不写入审讯记录，不准写书面材料，即使写了也被扣压，不让办案人员上报和转送。有时办案人员反映一点这方面的情况，就要被扣上“右倾”“为某某人翻案”的罪名。

4 伪证出笼经过

对刘少奇的专案审查工作，从一开始就落入江青、康生、谢富治一伙的魔掌。这些靠反刘少奇起家、因反刘少奇立功的人，从他们的本性和切身利益出发，必欲将刘少奇除之而后快。打倒刘少奇，是他们的既定目标。为达此目的，他们使出了浑身解数。其中最毒辣的一招，就是刑讯逼供，炮制伪证。

一开始，江青、康生等人曾寄希望于能找到物证。因此他们一方面动员全国各地揭发，一方面不惜劳民伤财组织大批人员从故纸堆中查找。在毫无结果的情况下，他们只得不择手段从犯人嘴里掏口供。

为获得口供，专案组关押了一批人，其中有相当数量的高级干部、高级知识分子、民主人士，也有一些普通的居民、炊事员、保姆。为审查刘少奇总共关押了多少人？现在无法查到确切的数字。1969年10月16日，“刘少奇、王光美专案组”印制了一份“重点审查对象和有关案犯名单”，这份名单记载着专案组直接关押的50名案犯的简况。但这份名单明显不全，例如我们已经知道被关押的北京市副市长崔月犁、中央党校校长林枫、河北北京师范学院教授张重一就不在这个名单之内。1969年5月30日江青在一份材料上批道：“富治、成武、东兴同志：曹亮和梁淑德也应重新审讯。抓起来，不能被杀人灭口。”谢富治随即批示：“请李震同志将曹亮、梁淑德二犯立即收到监内审讯。”这两个人仅仅因为在一个公司的业务中被怀疑同刘少奇有牵连就被抓了起来，后来当然是不了了之。这两个人也不在这份名单之内。据有人初步统计，被专案组关押的有60多人。至于因稍有嫌疑或专案需要由各地收审，和因株连而受到逮捕、拘留、监护的，那就更多了。

在专案组关押的人中，有相当一部分是江青、康生、谢富治直接批的。1981年1月最高人民法院特别法庭在对林彪、江青反革命集团主犯的判决书中说：“1967年，江青为了制造诬陷刘少奇的伪证，决定逮捕关押河北省副省长杨一辰（原中共满洲省委组织部长）、中国人民大学教授杨承祚（原辅仁大学教授，王光美之师）、天津市居民王广恩（原奉天纱厂协理）和刘少奇的炊事员郝苗等11人。”实际上这11人仅是江青一人单独批的，不包括她和别人共同批的在内。

江青一伙抓人是很随意的，且手段卑鄙。这里举两个例子：

1967年9月1日，中国人民大学的红卫兵组织“人大三红”给江青报送一份揭发材料，其中说：北京大学地理物理系主任苏士文同王光美1946年到军调部工作有关，王光美曾介绍苏士文去张家口参观。江青不作任何调查，即在这份材料上批道：“可考虑拘留审讯苏士文。红卫兵抄过他家。寄给我的东西，我转给富治同志了。”她似乎有些心虚，又在旁加批说：“要群众揪送也可。又及。”并在这句加批的话下面划了粗线和4个圆圈，以示重要。谢富治心领神会，批示说：“完全同意江青同志意，由群众揪送公安机关审讯。”这样，苏士文当然就以群众揪送公安局的名义被关了起来。

“人大三红”的这份材料上还有这样一句话：“据×××

一家交待，转让给王光美的保姆祁妈只在王光美家干了几个月就走了。”江青对这句平平常常的话竟如获至宝，在旁边批道：“一定要找到祁妈！请东兴同志注意。”这个叫祁妈的人当然也很快被“找到”并关了起来。可是祁妈只是一个普普通通的保姆，她的名字叫孙淑珍。在莫名其妙地被关了两年之后，专案组在《重点审查对象表》中写道：“孙淑珍，北京市崇文区南里街道托儿所保育员。关押地址：陶然亭监狱。关押原因：给杨承祚、袁绍英和王光美当过保姆，有参与美特王、杨、袁特务活动嫌疑。经查实，本人历史未发现政治问题，与王、杨、袁系雇佣关系。处理意见：释放原单位。”

江青之流为迫害刘少奇随意关人捕人，由此可见一斑。

把人抓来之后，接着便是刑讯逼供了。

1968年10月18日以“中央专案审查小组”名义下达的《关于叛徒、内奸、工贼刘少奇罪行的审查报告》中，公布了所谓“刘少奇一九二五、一九二七、一九二九年叛变革命，投降敌人，充当内奸、工贼进行种种叛卖活动的罪证”。这里的所谓“罪证”，实际上是伪证。现将这些伪证的出笼经过，逐一作些介绍。

关于1925年在长沙的问题

《审查报告》说：“（1925年）十二月十六日，刘少奇在长沙文化书社被长沙戒严司令部逮捕。经过审讯，赵恒惕亲批将刘少奇‘斩决’。”“屠杀共产党人的大刽子手赵恒惕，向刘少奇这个‘要宰的人’提出了活命的条件。刘少奇完全接受，投降了敌人，背叛了革命。”这一结论的得出是很荒谬的。从审查报告公布的证据来看，也完全不能成立。

《审查报告》认定刘少奇1925年被捕后“投降了敌人，背叛了革命”的证据只有一个，就是恶霸罪犯杨剑雄（1925年时任湖南省长署会计，1953年被湖南省宁乡县人民政府处决。）1952年的“反省材料”。材料中有两处涉及此事，原文是这样的“当洪赓飏、叶开鑫等具禀，保释刘少奇同志时，赵恒惕说：‘要他迅即离开湖南，不要在这里乱搞。要庶务股去买一册四书五经送给他，好好去读……’，‘交保开释’。”“赵回到座位上，想了一阵，对我说：你能负责？我答能负责，看省长如何吩咐，我就如何做。赵说：你要他迅急离开湖南，不要在这里乱搞，要庶务股去买一册四书五经送给他，好好去读。我答，这些事我都能负责办到。赵即在保禀上批：‘交保开释’四字。我即将这案件送至伪军法处办理手续，空了两天，他就出险了。”杨剑雄交待的这一情节，只能证明刘少奇是经保释后驱逐出境的。专案组却从中推断出接受“活命的条件”“投降了敌人，背叛了革命”，是荒唐的。

《审查报告》提供的另一个最主要的辅助证据，是黎泽泰（当时任湖南省长署文牍）一人写的材料，其中称：“刘少奇就是在赵恒惕血腥镇压共产党人这个紧急时刻被捕入狱的。当时据伪湖南省长署会计杨剑雄对我说：亲眼看到赵恒惕在审问刘少奇的案卷上批有‘斩决’字样。”这一材料，是黎泽泰1969年8月23日在逼供之下写的。即使照他材料中所说，他也并没有亲自见到，是听杨剑雄说的，而在杨剑雄的所有供述中，根本没有提到赵恒惕亲批“斩决”一事。显然，这一说法，不足为凭。

“刘少奇专案组”的工作人员李××，当时负责调查刘少奇1925年的问题。粉碎“四人帮”后他回忆说：“1925年的要害问题，就是刘少奇同志是不是叛变自首的问题。我曾于1967年底写过一个报告，原先认为有叛变自首嫌疑，1968年1月结论报告里改为叛变。这个问题主要是形而上学推论出来的。当时认为赵恒惕发布了‘四斩’布告，又杀害了工人领袖黄静源，为什么刘少奇没有被杀？显然是叛变了。再是根据反革命分子杨剑雄的笔供，这个笔供材料里涉及的人，知名人士都死了。最后在没有拿到叛变自首的物证的情况下定案了。”这个回忆中有的情况与史实不符。例如工人领袖黄静源并不是被赵恒惕所杀，而是在江西安源煤矿被赣西镇守使李鸿程杀害的，但我们从这个揭发中还是可以看出当时专案工作中不顾历史事实凭臆测定案的一些情况。

关于1927年在武汉的问题

《审查报告》对刘少奇1927年在武汉的历史定下了这样的结论：“刘少奇一九二七年在武汉充当帝国主义和国民党反动派汪精卫、陈公博的走狗，进行了一系列出卖工人阶级、破坏革命的内奸活动。”《审查报告》的这一部分中开列的罪名，都不能成立。

例如说：“刘少奇并且利用他窃据的职务，实行了这个极其恶毒的阴谋，解散了在革命斗争中建立伟大功勋的工人纠察队，于6月29日上午，把全部枪支弹药，甚至连童子团的木棍也捆得整整齐齐装上卡车，拱手交给了国民党管理武汉卫戍事宜办事处。”这一说法完全是对历史的歪曲。解散武汉工人纠察队，是中共中央的正式决定。1927年6月28日前后，中共中央召开紧急会议，陈独秀、蔡和森、周恩来、张太雷等出席会议。会议在听取周恩来介绍形势后研究决定，为了消除军阀何键制造事端的借口，公开宣布解散武汉工人纠察队，并要湖北省总工会具体执行。刘少奇作为湖北省总工会秘书长，贯彻了中央的决定，并在处理纠察队及童子团等问题时，只交出部分破旧枪支和童子团的木棍，把绝大部分枪支和纠察队员隐蔽、分散，陆续转移到贺龙、叶挺的部队里。对纠察队缴枪一事，过去一般认为是陈独秀右倾投降主义的表现，现在党史界已提出不同看法，认为这是根据当时敌我力量悬殊形势下作出的正确决策，否则将使革命力量遭受更大损失。但不管对这一历史事件的最终评价如何，刘少奇作为一个省工会的负责人，执行中央的决定是无可非议的。

认定刘少奇1927年在武汉“充当内奸、工贼”的最主要的证据，是丁觉群在“文化大革命”高峰时期的“书面交待”。其中的核心问题，是所谓“担任国民党中央‘工人运动小组长’，充当特务，向国民党提供‘工运情报’”。对此，丁觉群于1968年10月的交待是唯一的“证据”。丁觉群的交待是这样写的：“汪精卫既得路易泄漏第三国际给中共中央密令的消息后，借此决心分共。为了防止武汉工人总罢工和武装暴动，乃由陈公博于六月三、四号晚上召刘少奇和我到他的公馆谈话，组织了一个‘工人运动小组’。陈指定刘为组长，我是组员，担任工运情报工作。”“刘少奇为了掩盖他与汪精卫、陈公博勾结出卖工人纠察队的罪行，为将来更好地为汪精卫效劳，于1927年6月25日写了一封密信，要我送给陈公博，并说：‘在这信内我提请陈部长考虑，在完成任务后来一次苦肉计。’在纠察队交枪的头一天，逮捕了刘少奇等人，次日上午汪精卫打电话给卫戍司令部，用小汽车密送刘到中央党部与汪谈话，决定下一步活动。”

这份笔供漏洞百出，编造的痕迹很浓，语言带一股“文革”味儿，明眼人一看便知是政治压力下的产物。

丁觉群，大革命时期是共产党员，1927年任国民党汉口特别市党部执行委员兼工人部长，1928年被捕后脱党，1978年初病死。“文化大革命”中，丁觉群是汉口公共汽车公司的一个退休教员。自从和刘少奇一案牵连上之后，先是在武汉就地关押审讯，后又被押送到北京“监护”，不断受到逼供，有时一天开庭审讯三次。在专案组审讯丁觉群的档案中，发现了这样一些材料：

1967年9月初，丁觉群在交待材料中写道：“刘少奇和我究竟有什么关系？我为什么找不出这种关系？他搞了什么黑组织？有哪些人？进行什么活动？……如果是这样一个问题，我就无法回答！我不能欺骗党，乱谈一气。”“他（指刘少奇）在省工会工作，我在市党部工作，除了工作接触以外，没有特殊关系。现在刘少奇还没有死嘛，可以对质嘛。”

在专案人员的威逼之下，丁觉群于1967年9月交出了第一份笔供材料。第二天他写了张条又说：“这些都是假的，昨天你们追了，所以我才说。”9月25日，他又给审讯他的人写信：“老杨：为了批倒批臭刘少奇，我这个文件是打破事实框框写的。”

1967年10月6日，丁觉群顶不住强大的政治压力和威逼利诱，写了前面我们引述的那份“书面材料”。10月18日至12月27日，丁觉群又四次翻供和申述。他在11月3日的申述中写道：“首长已经向我揭开了盖子，反戈一击有功，且可免追既往罪过，否则交群众斗争，交公安机关治罪，停止退休金，以至促短自己有限生命，而落个遗臭万年。聆训后，我思想斗争剧烈，思想起伏，终夜无眠。”

“刘少奇专案组”工作人员张××，当时分工调查1927年的问题。1979年他在一封揭发信中主动说了一些情况：“丁觉群的口供不能完全信任。我们在1967年6月第一次去汉口到他家找他调查时，他只承认和刘少奇在庐山牯岭见过面，这点刘少奇给丁觉群的信中亦可证实。这是可信的。第二次（1967年8月）非法把他关押在武空疗养院进行询问，开始他也没有交待什么问题。后来在谢富治，×××急于定刘少奇案的压力下，副组长××（不知是谁的指使）到武汉调查组要查刘少奇的内奸问题，并亲自询问丁觉群之后，参加二七年武汉调查组的同志加紧对丁进行询问。从询问笔录中看，一天三次‘开庭’，在逼供的情况下，丁觉群根据红卫兵李××、余××等人所提供给他的一些历史材料，如刘少奇被捕的时间等，又根据学习毛选的一些历史注释和他亲身的历史，编造了不少假材料。他写成一份约50多页揭发刘少奇的材料。从这份材料看，其中具体时间、对话内容，时隔四十多年，写的那么仔细，那么滴水不漏，使人看了难以相信。于是调查组把材料报转给专案组，各位副组长让丁觉群在此基础上压缩一下写个简要材料上报中央领导。现在看来丁觉群50多页的材料压缩到20多页、10多页，又压缩到最后的5页。这个压缩过程说明谢富治、×××等人是看出一些问题，因此压缩又压缩。这样一压缩，又抽象又具体地形成了一个完整的‘真材料’，使人看不出破绽，这是谢富治、×××精心炮制的。因此，这个‘重要’人证应予否定。”

以上情况说明，所谓1927年“内奸活动”的证据，纯粹是逼供信的产物。

关于1929年在满洲省委的问题

《审查报告》对刘少奇1929年任满洲省委书记时的一段历史下结论说："1929年8月21（或22）日，刘少奇（当时化名赵之启），与孟用潜（当时名孟坚）在奉天（今沈阳市）纱厂被大军阀张学良逮捕。刘少奇立即供认自己是满洲省委书记，孟用潜是省委组织部长，供出省委委员唐宏经、王立功、张聿修、丁君羊、饶漱石和省委秘书长廖如愿，出卖了满洲省委所属东满、北满、旅大、抚顺等十多个特（县）委（支部）和奉天市的六、七个支部。"

认定以上结论，主要是根据孟用潜、刘多荃两个人的交待材料，没有任何物证。

孟用潜的交待材料是这样写的："1929年8月，我和刘少奇到奉天纱厂开支部会，讨论纱厂罢工问题，被支部书记常宝玉出卖被捕。当晚奉天纱厂审讯，刘少奇承认他是满洲省委书记，出卖了我，还出卖了省委委员丁君羊、唐宏经、王立功、张聿修、饶漱石、省委秘书长廖如愿，省委办公机关以及沈阳六、七个支部。"孟用潜的这个交待，完全是逼供出来的。

孟用潜，"文化大革命"前任外交部国际关系研究所所长。因他1929年在满洲省委工作时同刘少奇一起被捕，被专案组列为仅次于王光美的重点审查对象。在刘少奇的两次被捕经历中，1925年在长沙是单独被捕，1929年在沈阳是同孟用潜两人一起被捕。在查不到"自首"证据的情况下，孟用潜这个唯一的"同案人"，当然就成了重点突破的对象了。

1967年5月22日孟用潜被"隔离审查"。经过一个月的审讯，没有得到专案组想要的东西。1967年6月22日专案组向上报告说：孟用潜应该对刘的自首问题最知情，但他一件也不讲，死抱住不放，根本不交待实质问题。康生立即在报告上批道："继续审讯。不要为他所骗。"江青则在一个呈阅件上批示："当心孟用潜骗我们的审讯人员，他是在演戏给我们看。"于是，孟用潜被转移到公安部什坊院一个据点内单独关押，开始审讯逼供。

当时负责审讯孟用潜的肖孟，在1980年2月写的一份材料中说："每次审讯，专案组几乎全体出动，七嘴八舌，拍桌子瞪眼睛，威胁恐吓，如'交待不清，休想出去'、'顽抗到底死路一条'，还有指供、诱供情况。康生曾说：'孟用潜这个人我知道，他的党籍还是我给恢复的，这是个书生，好对付。'孟交待后当时就有反复，这种情况向康、谢等都汇报过，而且每次审问的情况这些人都是过问的（去钓鱼台将孟写的有反复的材料都给看了）。康、谢曾说：'要打消他的幻想，告诉他刘少奇彻底完了，再不老实交待，反反复复，出尔反尔，没有好下场，没有把他搞到监狱，这就是优待。'"

就这样，从1967年7月5日至13日，经过连续7天的日夜突击审讯，孟用潜作了违心的交待。

孟用潜在作了违心交待后，多次口头和书面申诉，推翻假供，前后达20次，一再说明这些交待"都是编造的，并没有事实根据"，"写材料是在审讯小组帮助之下集体创作"。但这些申述都被扣压或销毁了，有几次还强迫孟用潜本人当场撕掉，并一再警告他不许翻案，否则以现行反革命论处。专案人员张××的笔记本上记有这样一段"提审孟用潜"的记录："孟用潜讲：去年九月我就提出要谈谈，我要写材料，你们不让我写，说我全面否认问题，这样说法不对。……中央专案组有些同志限制我写材料，这不符合规定，应当撤销。1969年我写的材料是按审讯人员要求写的，有两次当场撕毁，这是不是实事求是？这与逼供信有什么关系？这是否符合革命路线？后又规定我不能在牢房写材料，要在审讯室、审讯小组监视之下写。我不是为刘少奇翻案，是这一案搞错了。”

孟用潜的这些申诉和反映，都没有上报毛泽东、周恩来等最高领导。

从孟用潜那里逼出假供之后，他们又企望能找到物证。1967年7月28日，戚本禹写报告给江青说：“建议迅速派出专人赴沈阳组织三百红卫兵（三人一组，分一百组，共同作业）查找敌伪档案，把刘的‘自白书’找到后，即可在适当时机公布。”江青马上批复：“立即物色一至三位同志去沈阳，照你的意见办。”当日，“刘、王专案组”一名副组长和一名专案人员迅即飞往沈阳，向沈阳军区下达了任务。军区立即成立了七人领导小组和15人的“彻查办公室”。从9月13日开始，辽宁、吉林、黑龙江三省抽调数百人组成的“彻查队伍”，在将近两个月的时间里，查阅了东北三省现存的所有1929年前后的档案、报刊、图书资料达100多万卷，把多年来一直束之高阁的陈旧卷宗、破烂书报翻了个遍，连老百姓家糊在房顶上的旧报纸都没放过，结果一无所获。

查物证无望，还得从人嘴里挖。从11月3日起，专案人员把当年在奉天纱厂、满洲省委、伪警察局、法院和敌伪机关做过事的人员编印成册，然后按名单找人，要求活着的找到人头，死了的查到坟头，将花名册中还活着的十几个人统统搜罗起来，进行关押审讯。据专案人员张××揭发：“在向这些人调查时，大多是先采取把他们调离家庭，有的同调查同志一起住在招待所，有的住在旅馆或机关进行的。要他们揭发所谓中国赫鲁晓夫、最大走资派的问题。这就把问题点的很明白了。有的一连搞数十天，有的搞一两个月，不交待不让他们回家。这实际上是搞逼供信。他们就是在这种强大压力下揭发交待出来的。”

即使如此，专案组仍没有从这批人中搞到有效的材料。其中最有分量的也就是原张学良卫队上校团长刘多荃的交待材料。交待材料是这样写的：“1929年8月底，警察厅在奉天纱厂破获一个大共产党案，关系到东北三省的事。当时警察厅长白铭镇和宪兵司令部副官长程广道，告诉我捕了三个人。……张学良责成参谋长荣臻和白铭镇与这个党的负责人达成了政治交易条件”，“张学良亲口对我说：这个共产党负责人给他写信表示感激，‘张长官是我的再生父母，将来我有生之日，就是我戴德之身’。”

关于这份材料的产生经过，刘多荃于1979年11月揭发了专案人员对他指供、诱供及炮制假证据的全部过程，说他根本没有听到过张学良同被捕的人“达成政治交易”这件事。他说：“1968年1月我所交待的关于‘奉天纺纱厂逮捕共产党人案’和同年8月以前所交待关于‘中东路事件’的两篇材料，是专案组从我到学习班被监护的整个期间，被逼所写的几十万字材料中，摘录要我抄写的。”

专案组对其他几个人也采取了类似的逼供手段。如对长春市居民陈元桢，因他当年曾是奉天警察局商埠地三分局差遣班长，专案组派一位军人把他叫去，威胁说：“你再不说，就送你到公安局去。”经过前后七八天连轴转的审问，陈元桢只好说他听说那次奉天纱厂抓的人自首了。他不认识几个字，材料由专案组人员代写，也没让他看，只念了一下，就让他签字盖手印。

1979年1月，曾写过假证词的丁君羊主动给全国政协写信，反映他受到逼供的经过："1967年春我患脑冲血，正治疗，从北京来了个年轻人，问我关于刘少奇在东北被捕叛变问题。我根本就没听说过。不久，江西军区派人把我带到北京，那位年轻人把我带到大约平谷县小温泉一座监狱。……因希望能早出去治病，就编造一些口供，后又翻供。来了两位高级官员说：'你所供的刘的罪行只是他罪行的很小部分，推翻了也没关系，那以后就不再问刘的事，而是问你自己的事了。'我被迫说'我曾听到一位军事工作人员说，他听警察局关系人说过，刘是叛变了。'"

其他问题上的逼供现象

江青等控制的专案组除了对1925、1927、1929年这三段历史制造伪证以外，在其他问题上也进行了很多逼供行为，只不过没有取得他们所期望的结果罢了。我们在这里仅举两个事例。

中央监察委员会专职委员王世英被逼死。

王世英是1924年参加革命、1925年入党的老同志。1936年刘少奇任中共中央代表在天津等地领导北方局工作时，曾根据党中央的统一部署，派人同南京国民党代表谈判联合抗日。王世英当时是北方局联络局负责人，曾参与这一工作。江青、康生等企图把这件事歪曲成"勾结蒋介石、陈立夫，消灭红军"。于是，王世英成了重点审查对象。

这时王世英已经重病在身：晚期肺癌加半身不遂，住在医院里接受最后的治疗。但专案组仍不放过他。从1967年6月起，专案组威逼他几十次，可王世英坚决不承认他们指控的罪名。9月27日，一份以“王光美专案组”名义的报告说：“我们从六月份开始，先后找王世英谈话二十多次，其态度极坏，说：‘南京谈判绝无此事’，甚至要流氓骂人，拒绝交待问题”，“建议由中监委对其实行隔离审查，责令其交待他参加三六年谈判的叛卖罪行”。这样，王世英很快被从医院里拉了出来，实行“监护”“加紧突击审讯”。但王世英不买他们的账，在审讯中回答说：“我没有什么可写的。从今天起，一点也不给你们写了”“枪毙了我也写不出来”“让你们把我拖死算了”。

如此折磨一位病入膏肓的老人，江青还嫌不够。1968年3月13日她在专案组会议上说：“有个案子，我很不满意。王世英说他半身不遂，还能全家去照相，摔了一跤也没有死。你们右倾，不要嫌我说话尖锐。王世英是怎么回事？我看肖孟对他就是有包庇。”就在江青讲话之后的第13天，3月26日凌晨，王世英因肺癌扩散逝世。

中国人民大学教授杨承祚、河北北京师范学院教授张重一被逼死。

杨承祚是原辅仁大学教授，同当时在该校读书的王光美认识。1967年夏，在“怀疑一切”的气氛下，人民大学红卫兵的大字报说杨承祚夫妇是美国特务，同王光美有来往。江青、戚本禹闻讯如获至宝，预感这一线索可以把王光美打成特务，还能直通刘少奇，便立即批准将杨承祚夫妇拘留审查，投入监狱。这时，杨承祚患有糖尿病、动脉硬化等重病。江青要专案人员突击审讯，说：“一定要抓紧，一定要加强”，“把我们要的东西在杨死以前搞出来！”杨承祚在重病中被逼承认自己是特务，最后受尽折磨而死。他的死亡报告反映了他临死前的惨状："因高血压、动脉硬化性心脏病、心力衰竭、脑动脉硬化症，广泛性动脉血栓病变、糖尿病、慢性肾病、肾功能衰竭、酸中毒……在心肌梗死的基础上发生心室颤动，心跳、呼吸突然停止。"

张重一于1944年任辅仁大学代理秘书长，这时王光美在辅仁大学读研究生。但他们当时互相并不熟识，连话都没说过。就因为两人分别认识杨承祚，张重一也就成了重点审查对象，目的是为了逼出"王光美是特务"的口供。

张重一也是一位病势垂危的老人。但专案组自1967年10月初将张重一带病拘留后，几乎天天都进行残酷的审讯。10月24日，"王光美专案组"向上报告说："案犯张重一肝癌变恶化，据医生诊断，随时有死亡的危险，即使送医院治疗也活不了多久，我们同意北京市公安局军管会意见，仍在狱内一面治疗延长其生命，一面突击审讯。当否，请批示。"谢富治批"送江青同志一阅"，江青阅批同意。

张重一已经病得不能写字，又"随时有死亡的危险"，所以专案组将这些"突击审讯"都录了音。在拘留的27天中突击审讯了21次，自10月24日张重一病危至11月1日死亡的七天里，更是"穷追紧逼"，加紧审讯，现场录制的录音带有80盘之多。从现在保存下来的20盘录音带中我们可以听到这种残酷的"突击审讯"是怎么回事。下面摘录几段。（录音不时出现病人痛苦的呻吟声、神志不清的嘟哝声和审讯人员七嘴八舌的吆喝声，这里略去不记。）[1]

① 摘引自李耐因：《伪证是怎样制造出来的》。

问：张重一，你把你知道的王光美的情况交待一下！

答：哎——哟——，这是完全应该的。得让我好好想想——

问：你想了好几天了！

答：我应该说，我是想王光美这个人，现在还没想得清楚。

问：王光美是特务不是？

答：……（不清）

问：你了解什么情况？

答：跟她父亲的关系——

问：她父亲是怎么个关系？

答：嗯，哎——我怎么这么糊涂呀，现在又搞不清楚了。

问：你现在一点也不糊涂！你今天把问题交待清楚，好住院去。

答：……（不清），我愿意。

问：她父亲叫什么？

答：哎、哎，我忘了——我感觉这里面有错了。我说的可能是刘少奇，我说乱了。

问：你什么时候知道王光美是特务的？

答：嗯——我昨天——好像说过。

问：王光美是特务与刘少奇是什么关系？

答：与刘少奇……关系，我不知道。

问：你认识袁绍英是谁吗？

答：认识，是杨承祚的小舅子。

问：你认识杨承祚的老婆吗？

答：认识，她叫袁振新。

问：这人是男是女？

答：男的。

问：这人在哪？

答：哎——我闹不清楚。

问：你说王光美是什么人？

答：王光美我说不清楚。

问：你知道多少说多少，说说她过去的情况。

答：说、说，叫我慢慢说……

问：你现在说说。

答：哎……玄啊，有这个人，国家很传染呐，很危险呐。哎，这个人不是那么简单的人。王光美这人，这人实在是个特务。这个人虽然本身是个特务，这个人还不是一般特务，是个很具体特务。……这个人很显然的是个特务，这个家伙是很严重很厉害的特务。

问：你听谁说的王光美是特务？

答：我——有个具体印象。

问：你怎么知道王光美是特务呢？

答：嗯，我是从那封信知道的。

问：谁的信？

答：还不是信，就是从咱们政府的公报上我知道的……

一个垂危病人的这种神志不清的话，后来专案组荒唐地把它说成是“终于迫使他断断续续地交待了有关王光美特务问题的几个情况”。在张重一临终的那一天，即10月31日，专案组见他病势危笃，恐怕他活不过当天去，就抓紧这最后的时刻，从上午9时连续审问到子夜零点，整15个小时。两个小时以后，即11月1日凌晨2时，张重一终于惨死在病床上。利用张重一回光返照进行的这最后一次审讯，当时的“讯问笔录”中记载着这样的对白：

问：你交待王光美搞过什么特务活动？

答：我希望把这问题给我一个机会。

问：现在就是一个机会。你想把问题带到棺材里去吗？

答：不能。这问题我真是搞不清楚，我也不造谣言。

问：你在捣乱、失败，直到灭亡啊！

答：我没想这个问题。

问：你为什么不交待？你与人民顽抗到底吗？——王光美是什么人？

答：她是个共产党员。

问：你又在向党进攻是不是！

张重一去世后，专案组向江青等人写了一份报告：“因张犯患肝硬化癌变、腹水，为争取时间获取口供，经领导批准，请解放军总医院在监内采取了医疗监护和急救措施。10月26日张犯病情急剧恶化，28日移入解放军总医院，经大力抢救，给我们创造了多审7天的条件，至11月1日死亡。张犯是个十足的带着花岗岩脑袋进棺材的家伙。……对于这样一个死顽固，我们组织了一个强有力的审讯小组，持续地发动政治攻势，在拘留27天中，突审了21次，穷追紧逼，终于迫使他断断续续地交待了有关王光美特务问题的几个情况。”

经江青圈阅的这份报告，暴露了他们一伙惨无人道刑讯逼供的法西斯行径。

5　在极不正常的情况下定案

从1966年底把“打倒刘少奇”的口号推向全国以后，“文化大革命”进入一个全面内战、天下大乱的恶性发展时期。在舆论灌输和政治压力的双重作用下，全社会被迫接受了“打倒刘少奇”的口号。这时“刘少奇专案组”虽然一件能定罪的证据都没搞到手，但从“文化大革命”本身发展的逻辑和需要来看，刘少奇是非打倒不可了。

由于要筹备召开党的九大，对刘少奇的定罪工作越发加紧了。1956年召开的中共八大，是由刘少奇具体负责筹备的，并在大会上代表中央政治局作了政治报告。所以如果九大前不把刘少奇的问题定下来，是无论如何交待不过去的。

毛泽东在八届十一中全会上曾提出要在1967年适当时候召开九大，但未能实现。1967年10月21日，中共中央、中央文革发出《关于征询对“九大”问题意见的通知》：“毛主席最近提出什么时候召开党的第九次代表大会，如何准备这次大会的问题，并且指示张春桥、姚文元二同志在上海做些调查。现在把姚文元同志关于他们初步调查结果给主席的一封信发给你们参考，请你们也做好调查，并将调查的结果和你们的意见报告中央。”姚文元的这封信里说到：刘、邓、陶、彭、罗、陆、杨不能选为代表，“刘少奇是叛徒，要进一步批臭，清除出去！”1967年11月27日，中共中央、中央文革又发出《关于对征询召开“九大”的意见的通报》，其中说：“关于‘九大开会时间，多数同志建议明年秋天国庆节前召开。‘九大’过后接着开‘人大’，把刘少奇罢掉，解决国家主席问题。这样，明年国庆节上天安门的都是毛主席无产阶级司令部的新的党和国家领导人。有的提出如形势发展快，可以明年上半年开。”在这种情形之下，将刘少奇作为敌人定案，已经是一种急迫的政治需要。由于对刘少奇的定案还需要在九大前的八届十二中全会上通过，在时间上也是十分仓促。

在1967年，江青等人已经在各种场合妄称“刘少奇是叛徒”，但实际上没有任何证据。专案组用了很多心计和手段，仍未达目的。时间越来越紧，江青等人一再催逼，专案组好不容易于1968年1月16日写出了一份《关于大叛徒刘少奇一九二五年去长沙被捕投降叛变罪行的审查报告》，但没有列出相应的证据，曾引起毛泽东的怀疑和批评。

在这种情况下，专案组负责人想了一个点子：以“群众要求”的名义，让刘少奇对自己的历史写出书面交待，以便从中找到一些缺口。1968年1月27日，由“中南海无产阶级革命派”写了一份“通令”，要刘少奇交待自己的入团、入党经过和“在几个地方被捕的时间、地点、原因及详细经过”。2月2日，这份“通令”又以中央办公厅政治部的名义交给刘少奇，正式通知他按照“通令”和所附提纲的要求“尽快写出书面交待”。

刘少奇于2月11日交出了“书面交待”，详细介绍了他的入团、入党过程和两次被捕的过程，并说明：“我一生只有两次被捕，一次是在湖南的长沙，一次是在奉天的沈阳”，“我在其他地方都没有被捕过。”

专案组没有能从刘少奇的“书面交待”中找到破绽。然而可笑的是，江青却又横生枝节。当刘少奇的“书面交待”2月16日传到江青手中的时候，她蛮横地批道：“第十一页上，他恶毒的攻击了伟大领袖毛主席。主席从来是倾听旁人的意见的，从来不是‘一言堂’。对于这个问题应批倒批臭他。至于其瞎话，也应考虑对策。建议专案审查小组专门讨论一次。”陈伯达、姚文元立即跟上，批道：“同意江青同志意见。反革命放毒要批臭。”谢富治、吴法宪也“完全拥护江青同志批示”，叶群则更是摆出一副紧跟的样子，批道“完全同意江青同志批示，反革命利用交待历史情况进行攻击和放毒，必须彻底批倒批臭。”

令江青等人如此大动干戈的“第十一页”上，刘少奇写了些什么呢？这里抄录如下：“我以后又多次在毛主席家里（清水塘）开会，我因不了解情况，有时问一问情况之外，根本无法发言，最后，总是照毛主席意见办理。这就是说，湖南党内已经有了自己的领袖，自己的作风，而当时在上海党内就还没有形成这样的作风。”很明显，这是对毛泽东的赞扬。江青等人的这种令人作呕的“批示”，今天看来是多么荒唐可笑！

1968年2月22日，“王光美专案组”给谢富治、汪东兴写了个定案性质的综合报告。谢富治作不了主，要专案组直接请示江青。专案组立即改写报告，把江青放在第一位。

康生看了这个报告觉得不满意，对定案报告的写法提议道：“综合确实材料，向主席、林副主席作结论性的审查报告是需要的。但此件写得很不完满，也不很准确，特别是1936年投敌以及为敌人服务的种种罪行都未写入。此为初稿，需要改写。”康生批评的所谓“写得很不完满”“特别是1936年投敌以及为敌人服务的种种罪行都未写入”，给专案组出了大难题。因为这些问题只是有一些捕风捉影的揭发材料，找不到任何证据，怎么能够“写入”呢？但江青同意康生的意见，专案组只得硬着头皮按照他们的意图返工改写。

由于康生等所要求的能使报告“完满”的材料怎么也弄不到，所以尽管江青、康生等一再向专案组施加压力，综合定案报告还是迟迟写不出来。这样拖到1968年9月，专案组只得先将1925、1927、1929年三段历史问题写成三个材料，作为三个单件上报。9月15日，谢富治给江青报告说：“刘贼一九二五、一九二七、一九二九年三次被捕叛变、叛卖活动罪证，我们先把这些罪证（物证、人证）搞了清样出来，请你审阅后再定。还有三个问题的罪证和综合报告初稿正在写，准备在九月廿五日以前搞出来。”

在江青等人高压下用伪证写成的这三份材料，江青看了仍不满意，蛮横武断地在几处批道：“最近我还看到刘贼在新四军和日伪勾结出卖新四军的材料，皖南事变与他有关。他走后，将日伪关系交给了饶漱石。请东兴同志找一下，可能在三办，我记不清了，可是一定有。”“最近卫戍区来的一些敌伪档案，还有外文敌伪档案，还有我们前些时看的材料，都证明刘少奇是美国远东情报代表（一说是特派员），这个美特身份是有足够证据的。三个办公室都查一下，可以落案。最近我看的敌伪档案中，还有刘少奇在安源就被捕叛变的材料，应查实，这说明他叛变还早。”可是，江青所说的“我记不清了，可是一定有”的材料，专案组翻遍犄角旮旯的所有档案也没有找到。对这些痴人说梦般的“批示”，专案组一直到最后也还是无法落实。

1968年9月16日，江青用极端的语言给刘少奇问题定了性。她审阅了这三份所谓“罪证材料”后批道：“我愤怒！我憎恨！一定要把无产阶级文化大革命进行到底！刘少奇是大叛徒、大内奸、大工贼、大特务、大反革命，可说是五毒俱全的最阴险、最凶狠、最狡猾、最歹毒的阶级敌人。”即使到了这个时候，她仍有些心虚，没有立即将材料报送毛泽东，而是要专案组“搞得比较充实之后再呈毛主席、林副主席”。

康生不甘落后。他在9月17日看完了这三本材料之后，以给江青一封信的形式表了态。他在信中称刘少奇为“大叛徒、大内奸、大特务、大工贼、大卖国贼、大汉奸”，提出问题的离奇程度也不亚于江青。康生写道：“从各种材料看，他早在1925—1927年，就使用阴险、狡猾两面派的特务手段，来破坏革命。我觉得他这样早、这样久的作潜伏的内奸活动，似乎是很早就受过帝国主义的特务训练的。是否他在晏阳初的学校里就受过特务教育？”他甚至主动检讨自己：“1931—1932年在上海就职工运动工作，我写文章批评过刘贼的右倾机会主义，反对他在职工运动中的经济主义，并作过尖锐的斗争。但由于自己的阶级觉悟不高，学习主席著作很差，我又错误的对此作过检讨，应引为教训。”康生一贯搞政治投机的面目，在这里暴露无遗。

9月25日，陈伯达也表了态：“我对罪大恶极的刘贼，同样有强烈的革命义愤，并向高举毛主席伟大红旗，对刘贼及其一伙叛徒特务进行不妥协斗争的江青同志，致以衷心的敬意。”

9月29日，三本材料传到林彪手上。林彪看后向秘书口授了几条意见，突出肯定了江青指导专案工作的成绩和对刘少奇的定性，说：“刘贼少奇五毒俱全，铁证如山，罪大恶极，令人发指！”“专案工作卓有成效。向出色地指导专案工作并取得巨大成就的江青同志致敬！”

毛泽东也看了这些材料，但他没有明确批示意见，只是圈阅。在对刘少奇专案审查过程中，江青等人利用群众揭发和专案材料的名义，有计划、有预谋地报送刘少奇的所谓罪行材料，对毛泽东施加影响。在真假莫辨的情况下，毛泽东一次又一次地看到这类报告，而且这些报告都来自那些地位很高的人，终于使他听信了这些谎言。但应当指出，毛泽东对报来的材料也不是都相信的。例如1968年5月8日他在一次中央碰头会上说：“整出来的刘少奇的材料，也不能全信。比如说他1946年冬季和美国勾结，组织反共同盟军，要美国大规模出兵打共产党，并且要沈其震经过司徒雷登介绍去见杜鲁门、艾奇逊。有的材料是故弄玄虚，是骗我们的，要我们的。美国大批出兵，当时国民党都还不愿意呢。”

专案工作进行到这一步，实际上已经对刘少奇定了案，只待即将召开的中共八届十二中全会通过。这期间，专案组以上报的这三份材料为基础，改写成综合报告。据专案组工作人员回忆，综合的《审查报告》由张春桥修改定稿。

1968年10月13日至31日，中共八届扩大的十二中全会在北京举行。这是在极不正常的情况下召开的一次极不正常的会议。

这是一次中央委员会全体会议，但在原八届中央委员、候补中央委员中，有52.7%的人被定为“叛徒”“特务”“里通外国”“反党分子”，剥夺了出席会议的权利。八届中央委员共97人，除去世10人外，应出席87人，但只有40人被允许出席会议，不足半数。八届候补中央委员有98人，但只有19人能出席会议。会议开始后，从候补中央委员中，根据在“文化大革命”中的表现，有选择地补了10人为中央委员，才使中央委员人数刚过半数。这样，出席会议的中央委员、中央候补委员共59人，而被扩大参加会议的“中央文革小组”成员、军委办事组成员和各省市自治区革命委员会、各大军区、中央直属机关人员达74人，超过总人数的一半。

会议一开始，就分组批判、围攻所谓“二月逆流”和“一贯右倾”的老同志朱德、陈云、邓子恢、王稼祥、陈毅、叶剑英、李富春、李先念、徐向前、聂荣臻，其他一些中央委员也在会上受到诬陷批判，实际上剥夺了这些同志的发言权。

会议的后半段，是讨论以中央专案审查小组名义提出的《关于叛徒、内奸、工贼刘少奇罪行的审查报告》。这个“报告”一直到全会开始后的10月19日才在“中央文革”碰头会上定稿通过。我们在前面已经说过，这一“报告”实际上是江青、康生、谢富治等操纵“刘少奇、王光美专案组”凭伪证写成的，是由张春桥最后改定的。

《审查报告》一开头便虚张声势地说：“在无产阶级文化大革命运动中，经过广大革命群众和红卫兵小将的广泛揭发，专案组的深入调查，大量的物证、人证、旁证，充分证实党内头号走资本主义道路的当权派刘少奇，是一个埋藏在党内的叛徒、内奸、工贼，是罪恶累累的帝国主义、现代修正主义和国民党反动派的走狗。”“报告”的正文共有三部分，三部分的标题是：“一、刘少奇一九二五年在长沙被捕叛变”；“二、刘少奇一九二七年在武汉充当帝国主义和国民党反动派汪精卫、陈公博的走狗，进行了一系列出卖工人阶级、破坏革命的内奸活动”；“三、刘少奇一九二九年窃据满洲省委书记时的大叛卖”。“报告”最后提出：“专案审查小组建议党中央根据党内外广大革命群众的强烈要求，撤销刘少奇党内外一切职务，永远开除党籍，并继续清算刘少奇及其同伙叛党叛国的罪行。”

值得指出的是，专案组对刘少奇的整个历史都进行了审查，像过筛似地筛了不止一遍，稍有疑点即挖空心思找证据，可最终在《审查报告》中只开列了1925、1927、1929年的三个所谓历史问题。《审查报告》说：“现仅将刘少奇在一九二五、一九二七、一九二九年被捕叛变、投降敌人、充当内奸、工贼的反革命罪行的调查结果报告如下”。可见，对其他问题，连江青等人自己也觉得拿不出手。对此，《审查报告》含糊其词地说：“此外，广大革命群众还揭发了刘少奇许多极其严重、令人愤慨的其他反革命罪行”，“对于这些材料，我们也进行了调查核实，将另作报告。”可后来就再也未见下文，一直到专案组解散也没有“报告”。

八届十二中全会的整个过程，气氛一直十分紧张。除一部分老同志受到直接的批判、围攻外，正直的代表都经受着巨大的政治压力，实际上已经不允许代表提出不同意见。

即使在这种极不正常的紧张气氛下，与会的陈少敏还是不畏高压，对刘少奇冤案拒不表示同意。

陈少敏是1928年入党的老同志。出席八届十二中全会时，她是中共中央委员、全国人大常委会委员、中华全国总工会副主席。在全会分组讨论对刘少奇的《审查报告》时，陈少敏就进行抵制。小组召集人要她对《审查报告》表态，她就是不说同意的话。康生听说后跑到陈少敏所在的第四组坐镇，当面对陈少敏进行恐吓威逼，施加压力。陈少敏面对康生的淫威，仍不屈服。我们从会上印发的《八届十二中全会小组简报》中，可以看出陈少敏在当时是承受着多么巨大的压力：

1968年10月22日印发的第四组《小组简报》载：“康生同志对陈少敏同志说，刘少奇有那么一套，吹捧你们女同志。他过去吹捧过叛徒章蕴、钱瑛（作者按：这是康生对章蕴、钱瑛同志的诬蔑），也捧你。这点你要注意。昨天大家讨论刘少奇的问题，你睡觉，如果身体不好，可以告假嘛！大家对刘少奇那样的义愤，你自己一点义愤没有，这算什么共产党？”

10月23日的《小组简报》载：“陈少敏同志至今对中央专案审查小组的报告没有明确表示态度。她今天在会上作了一个很不像样的检查：‘跟着’刘少奇‘犯错误的，执行他的路线的人，应该解放了。’”这天的简报中还说，一些人在小组会上对陈少敏展开了严肃批评，说她敌我不分，不同刘少奇划清界限。

10月24日的《小组简报》载：“小组同志对陈少敏同志今天发言东拉西扯，对审查报告始终不表示明确态度，两次提出批评，指出她政治上、思想上落后到惊人地步，一个农村老太太的政治觉悟也比她高得多。”

在全会表决通过《审查报告》时，陈少敏没有举手。在当时极左路线泛滥，林彪、江青反革命集团横行的情况下，陈少敏能做到这一点，是多么不容易，确实难能可贵！

10月31日，中共八届扩大的十二中全会批准了中央专案审查小组对刘少奇的《审查报告》，同意《审查报告》中提出的对刘少奇的处理意见。在处理意见中，原来还有将刘少奇“提交专政机关依法惩办”一句，由于毛泽东的反对，修改定稿时把这句话删去了。

在全会通过的《公报》中，写了对刘少奇的处理决定：“全会对于刘少奇的反革命罪行，表示了极大的革命义愤，一致通过决议：把刘少奇永远开除出党，撤销其党内外的一切职务，并继续清算刘少奇及其同伙叛党叛国的罪行。”这样，就从组织上完成了“打倒刘少奇”的手续，铸成了党的历史上最大的一桩冤案。

1966年秋，刘少奇和周恩来、邓小平在天安门城楼中央大厅外交谈。此时，刘少奇已受到批判并离开领导工作岗位。

1966年秋，刘少奇、王光美和小女儿在中南海福禄居住处散步。

四

迫害与抗争

1 造反派先后六次批斗刘少奇
2 刘少奇的抗争
3 生活上身体上的折磨
4 在重病中押送开封直至逝世
5 株连
6 干部群众的抵制和斗争

刘少奇终于意识到，他的一切争辩都将无济于事。从此，他不再写信，不再申述，说话越来越少，最后索性连一句话也不说了，用沉默来表示他无声的抗争。

1　造反派先后六次批斗刘少奇

1966年12月，江青一伙就通过各种方式鼓动造反派掀起“打倒刘少奇”的恶浪。12月18日张春桥指使清华大学造反派头头蒯大富，策划了所谓“12·25大行动”，向全社会公开了“打倒刘少奇”的重要信号。12月31日，江青宣称“刘少奇的性质早就定了”。对刘少奇的人身迫害从此开始，并随着“文化大革命”的恶性发展愈演愈烈。

1967年1月1日早晨，中南海电话局的造反派“6711战斗队”到刘少奇住地，在院子里的地上、墙上写了“打倒中国的赫鲁晓夫刘少奇”“谁反对毛泽东思想决没有好下场”等大标语。1月3日晚，由戚本禹直接操纵的信访处造反派组织“红旗兵团”二三十人，闯进刘少奇住的院子，把刘少奇、王光美叫到院里，要他们背语录、回答问题，“勒令”他们今后每天到院外面看大字报，一直围攻了40多分钟。这是造反派第一次直接批斗刘少奇。

1月6日，清华大学造反派“井冈山兵团”策划了一次所谓“智擒王光美”的闹剧。这天傍晚，造反派在北京市第二人民医院设下圈套，一面将刘少奇的两个孩子扣留作为人质，一面谎称刘少奇的一个女儿在学校检查后回家的路上遭受车祸，被汽车轧断了腿，需要家长来签字后马上动手术截肢。造反派将刘少奇、王光美骗到医院，当场扣押了王光美，并把她带到清华大学。刘少奇在警卫人员的护卫下脱身返回住处。后来经周恩来派秘书去清华大学做工作，造反派才放回了王光美。

1月12日，戚本禹在钓鱼台16楼召集中央办公厅的一些人开会，说："中南海冷冷清清，外面轰轰烈烈""刘、邓、陶在中南海很舒服，你们为什么不去斗他们？"当晚，中办秘书局造反派组织"红色造反团"联络中南海几个单位的造反派约150人，喊着口号强行冲进刘少奇住的院子，要刘少奇、王光美站在台阶上接受批斗。造反派要刘少奇低头、弯腰、背语录、回答问题，并要王光美站在独腿桌子上。他们还在刘少奇的办公室、卧室贴了许多大字标语。造反派要刘少奇背"语录"时，刘少奇背不出，造反派便大声起哄嘲笑。刘少奇说："叫我背词句我背不出，你们可以问我毛主席的哪篇文章写的内容是什么，当时的历史背景是什么，针对什么问题，在当时起到什么作用，在理论上有什么新创见，这些才是毛泽东思想的精髓。我是《毛泽东选集》编辑委员会主任，无论哪一篇文章的问题我都可以解答。"① 这是第二次批斗刘少奇。康生妻子曹轶欧、戚本禹妻子参加了这次批斗会。1月17日、18日，中南海电话局的造反派强行拆除了刘少奇办公室的两部电话，切断了他同中央政治局的电话联系。

1967年4月1日《人民日报》发表戚本禹的文章《爱国主义还是卖国主义》后，刘少奇的问题进一步升级。在强大的政治压力之下，刘少奇的秘书、警卫、服务人员等身边工作人员也成立了造反组织。组织名称一开始叫"卫东革命造反队"，后

① 引自刘平平等：《胜利的鲜花献给您——怀念我们的爸爸刘少奇》。

来他们听说别的地方已经有叫这个名称的造反队，于是就在前面加了“南海”二字，以示区别。加“南海”，是因为刘少奇的住所在中南海里的南海。4月6日、13日“南海卫东革命造反队”两次进到刘少奇办公室，对刘少奇进行围攻、批斗，要他按戚本禹文章中所提的八个问题写出书面材料。据当时整理上报的《斗批刘少奇记录》称：“南海卫东革命造反队”队员在批斗中拍了桌子，撕毁了刘少奇手中的报纸，说他是“反革命修正主义分子”，勒令他自己打饭、搞卫生。刘少奇在回答问题时气愤地说：“我不反革命，也不反对毛主席。毛泽东思想是我提出来的，我宣传毛泽东思想不比别人少。”“宪法是我报告的，我现在还是中华人民共和国主席。到法庭审判我，要经过全国人民代表大会撤职！”“是谁罢免了我的国家主席？”当问到所谓“61人叛徒集团”问题时，刘少奇发了脾气，说：“这个问题简直是岂有此理。61人出狱之事，是经过党中央批准的。在日寇就要进攻华北时，必须保护这批干部，不能再让日寇把他们杀了。当时王明路线使白区党组织大部分受到破坏，这些同志是极宝贵的。中央许多领导同志都知道，早有定论嘛。”[①]4月14日，刘少奇交出了一份答辩材料，工作人员将这份材料抄成大字报贴在中南海院里，但很快被撕掉。南海卫东造反队批斗刘少奇的情况，通过有关渠道被毛泽东获悉。几天后，中央警卫局领导向刘少奇身边工作人员传达了毛泽东的指示（大意）：以后不要搞面对面的斗争。此后，身边工作人员没有再批斗刘少奇。

4月10日，清华大学的造反派组织了30万人的大会批斗王光

① 引自刘平平等：《胜利的鲜花献给您——怀念我们的爸爸刘少奇》。

美。彭真、陆定一、薄一波、蒋南翔等300名被打成“走资派”的老干部陪斗。批斗时，造反派强行让王光美穿着旗袍、高跟鞋，脖子上套着用一串乒乓球做的所谓“项链”，竭尽人格污辱之能事。

第五次批斗刘少奇是江青、康生、陈伯达乘毛泽东、周恩来不在北京之机直接决定的。1967年7月初，江青、康生、陈伯达策划“要把刘少奇批得比托洛茨基还要臭”。于是，戚本禹煽动中南海一些造反派在7月14日强迫刘少奇出门看大字报，并进行围攻，同时由造反派组织出面写报告给汪东兴并周恩来，要求开大会批斗刘少奇。戚本禹收到报告后，避开周恩来，把它转报给康生、陈伯达、江青，批道：“请康生、陈伯达、江青同志决定。”陈伯达将“批斗刘少奇”改为“批斗刘邓陶夫妇”。江青、康生又提出要“批斗并抄家”。这时，毛泽东、周恩来都已去武汉视察。7月17日晚，江青、康生、陈伯达、戚本禹等在人民大会堂就此事进行了策划。18日凌晨一点多钟，戚本禹召集中南海机关一些人开会，说：“要发扬痛打落水狗的精神，把他们打翻在地，再踏上一只脚”，“前几天中南海围斗了刘少奇，规模小，有人围斗他总是好，但是火力不强”，“对刘、邓、陶要面对面斗争”，“要使他们威风扫地，要杀气腾腾”。他还具体布置说：“搞几个战斗组织，有的搞刘少奇，有的搞邓小平，有的搞陶铸，王光美、卓琳也要搞。”从如何成立“批斗指挥部”，如何搜集材料，如何制订战斗方案，如何分组编队、写简报，一直到批斗的方式、规模、参加人数、日期，都是戚本禹亲自安排的。

7月18日，中南海内的造反派300余人，按预定计划把刘少奇和王光美分别拉到西大灶和西楼大厅两个地方，进行了两个多小时的批斗。批斗时，不许刘少奇说一句话，强行让他自始至终低头弯腰站着。刘少奇掏出手绢想擦一下汗，被造反派打落在地。在批斗会的同时，专案组人员抄了刘少奇的家。

这次批斗会后，刘少奇、王光美被分别看管在前后两个院“监护”，互相见不到面，子女也不准见面。对刘少奇开始设双哨日夜监视，并且按监狱对待犯人的做法，采取了一系列措施，甚至由四个人将刘少奇按倒在床上强行抽去了腰带。

这一切，都是江青一伙有计划布置的。在批斗会第二天即7月19日，有关部门就将“监护”执行情况向戚本禹等作了报告。这份报告中说：“（一）室内安全检查。将办公室、寝室、卫生间的电压由220伏改成24伏。对刘、王用的安眠药也进行了检查，将检查出来的药临时由北京医院派来的护士保管，并建立了两人送药、当面服用制度。室内的绳子、刀子、剪刀等物全部收集起来由身边工作人员保管。（二）对刘、王的监护工作。斗争后，刘、王分居前后院，做了如下布置：1. 身边工作人员组织起来负责24小时轮流值班…… 2. 由警卫团抽调十名干部队员，在刘、王门口各增加一个哨，分别协助身边工作人员和警卫局、秘书局革命群众（六人，分三班）做好监护工作…… 3. 刘、王的吃饭，统一由厨师做，分送两个地方吃…… 4. 对刘、王的小孩进行了教育，组织他们学习，并宣布两条纪律：一条、注意保密，不准外出；二条、不准进入刘少奇室内。5. 建立报告制度。身边工作人员，将刘、王的动态及时向上级报告。”

从此以后，刘少奇完全失去了自由，除关押地点外同犯人没有什么两样。从这一天起，刘少奇、王光美的行动被处于严密监视之下，他们的一举一动被随时写成书面汇报向戚本禹等人报告。

对7月18日的这次批斗，戚本禹1979年12月3日在一次交待中说："1967年7月18日斗刘、王的会，是我布置的。记得这是中央日常工作碰头会议决定的。康生说现在要面对面地向刘、王提问题了。江青提出开会时由专案组清理刘少奇文件。"戚本禹的这一交待隐瞒了许多重要情节。从整个过程可以清楚地看出，这一切完全是有计划、有预谋而且是布置得非常周密的行动。

据叶永烈著《陈伯达》一书中说："据王力回忆，7月18日晚，当中南海的造反派在'中央文革'支持下揪斗刘少奇时，毛泽东正在武汉召集会议，讨论武汉问题。……毛泽东正在讲话，汪东兴接到北京长途电话，说中南海造反派在揪斗刘少奇。汪东兴当即向毛泽东汇报。毛泽东说：'我不赞成那样搞，那样势必造成武斗。还是背靠背，不搞面对面。'毛泽东让汪东兴把他的话转告在北京主持工作的林彪。"这里提供的这一情节可作参考佐证。但据笔者查到的材料，毛泽东的话是这样说的："你们要在怀仁堂开1000多人的批判刘少奇大会？不要面对面搞，否则别人要搞怎么办？同时，拉他上台，要他低头，他不低，你就用手压他，这样不好。你要他承认反党，他死也不会承认。"

毛泽东的指示在北京没有得到执行。8月5日，在天安门广场召开百万群众大会的同时，中南海三四百人又批斗了刘少奇、王光美。这是对他们的第六次批斗。

这次批斗也是"中央文革"直接指挥的有组织行动。先是在人民大会堂召集有关人员作了布置，8月4日晚又由谢富治、戚本禹出面到中南海西门向围困中南海的所谓"揪刘火线"的造反派群众作了宣讲和动员。8月5日，在天安门广场召开了百万人的大会。与此相呼应，中南海内分别批斗刘少奇、邓小平、陶铸夫妇。

批斗刘少奇的会由“中央文革”曹铁欧等人亲自指挥。当时在场的刘少奇的卫士贾兰勋回忆道：“少奇同志被押进会场，途中人们拥挤成蜂，不断地呼喊着‘打倒刘少奇’的口号，还有的人把拳头伸到刘少奇同志面前喊口号。随后就是王光美同志被押进会场。”批斗会进行了一段时间，“中央文革”来督阵的人嫌火力不猛，突然宣布休会，把刘少奇、王光美分别押出会场后，重新作了整顿和动员。“不一会儿，少奇同志和光美同志又被押进会场，发言的人说了没有几句，会场就乱起来了。原来坐在前面的人站起来了，后面的人拥挤到前面，对着光美、少奇同志就是拳打脚踢，有的按着他俩的脑袋、叫他俩低头，有的按他的腰、叫坐‘喷气式’，还有的人揪住少奇同志的头发、叫他低头。不知是谁把一张大字报中间弄个洞套在少奇同志脖子上。摄影机的镜头对准这个场面哗哗地拍。摄影机越响，围斗的人就越是闹得厉害，这个一拳那个一脚，劈头盖脸打在少奇、光美同志的身上。少奇同志的鞋被踢到一边去了，只好赤着脚在那里挨斗。在一片混乱中，我记得是来了十几个解放军，把他们俩和围斗的群众隔开。这时少奇同志已精疲力尽了，身上的半袖汗衫早已水一样湿透了。”

这次批斗会后，刘少奇、王光美仍被分别单独关押，看管更加严格。夫妇二人互不见面，也不准子女同他们见面。此后一直到1969年11月刘少奇逝世，他没有见过一个亲人。

1967年9月8日，有关部门上报了一份《关于进一步严密刘邓陶和王光美监护工作的报告》。我们从中可以看出这种“监护”的严密程度。报告中说：“为了防止灭口，对他们的监护工作要进一步严密与加强。具体意见是：一、增派干部队员，全面加强这三处院内警戒和昼夜值班工作，全面掌握他们的情况和做好监护工作。二、对住房、家具、电器等反复进行检查，排除各种不安全的因素和隐患。住房、院内现有的刀、棍、绳索全部集中管理，并对电气设备作了安全处理。三、加强药物管理……四、对原身边少数不适合在这里工作的人员进行适当调整。先后调离了刘处秘书一人……五、对刘邓陶三家家属和子女的安排，分别处理。刘处：九个孩子，现只有王光美生的四个小孩在家，三个大的都上学，刘、王被揪斗后，表现都不太好，还泄露中南海内部斗批情况，拟动员他们住校。……今后对刘邓陶子女，配合学校严加管理，不经批准不得进中南海……工作人员要坚决同刘邓陶划清界线，严格请示报告，抓紧活思想，使监护工作忠实服务于大批判。”

2 刘少奇的抗争

从指责刘少奇派工作组开始，随着“文化大革命”的进展，强加给刘少奇的罪名越来越多，以至最后到了所谓“罄竹难书”的地步。这诸多的所谓“罪状”，归结起来是两类：一类是工作方面的问题，一类是个人政治历史方面的问题。总的来说，刘少奇对有关他工作中“错误”的指责采取了违心接受的态度，而对关于他政治生命方面的诬陷则不能容忍，尽一切努力据理驳斥。

为了顾全大局，刘少奇对强加给他的“路线错误”“右倾”“违反毛泽东思想”之类的罪名，虽然想不通，但仍表示接受，并多次主动检讨，承担责任。特别是关于“文化大革命”初期派工作组的问题，刘少奇多次按毛泽东在《炮打司令部——我的一张大字报》中的口径作了检查，承认犯了“方向、路线错误”。这期间毛泽东对刘少奇讲过这样的话（大意）：我党历史上犯路线错误的人不少，改起来很难，希望少奇同志做一个犯了路线错误又能够改正过来的榜样。[1]刘少奇一开始是诚心诚意按照毛泽东的这个指示去做的，希望使自己转变到同毛泽东相一致的立场上来。他主动放弃自己原来关于

① 王光美同志同作者的谈话。

工作组问题的意见，服从毛泽东的决定，并竭力理解毛泽东的意图，跟上形势，争取做一个改正路线错误的榜样。1966年底以前刘少奇的各种讲话、表态，都显示了这一点。

但刘少奇的这种真诚努力并没有得到理解和接受。林彪、江青一伙继续抓住不放，批判的调子越来越高，一再升级，政治陷害和人身迫害也接踵而来。这使刘少奇意识到林彪、江青等人根本不是在进行严肃的党内斗争，而是怀有不可告人的阴谋。所以后来他在承认“工作错误”方面也有了一定的变化，明显地流露出不服。1967年4月他在书面回答“南海卫东革命造反队”问他“为什么提出和推行资产阶级反动路线”时，写道：“我现在也还不知道为什么，也没有看到一篇能够完全说清楚为什么犯路线错误的文章。在八届十一中全会批判了我的错误之后，又有人犯同类性质的错误，可见他们也不知道为什么。”他还对家人说：“去年8月，我就不再过问中央工作。从那以后，错误仍在继续；将来，群众斗群众的情况还会更厉害，不改，后果更严重。责任不能再推到我身上。”①

随着“文化大革命”的疯狂发展，对刘少奇的攻讦和迫害不断加码升级，有关他个人政治历史方面的诬陷、诽谤越来越多。刘少奇对这种践踏法制、恶意中伤的卑劣行径，表示了无法容忍的愤慨。对这样的诬陷，凡是他看到了的，他都利用一切可能的方式据理申辩驳斥，捍卫自己的政治生命。

1967年3月底，一份红卫兵小报攻击刘少奇吹捧电影《清宫秘史》。他读到后立即致信毛泽东，澄清事实真相，说明自己根本没有也不可能说过“《清宫秘史》是爱国主义的”这类

① 引自刘平平等：《胜利的鲜花献给您——怀念我们的爸爸刘少奇》。

话，要求中央调查。

4月1日，各报发表了戚本禹写的《爱国主义还是卖国主义》一文，对刘少奇进行了肆无忌惮的诬陷攻击。刘少奇读罢，愤怒的心情难以形容。他把登载这篇文章的报纸狠狠一摔，说："不符合事实，是栽赃！""我在去年8月的会议上就讲过五不怕，如果这些人无所畏惧，光明正大，可以辩论嘛！在中央委员会辩论，在人民群众中辩论嘛！"①

4月6日、12日，在"南海卫东革命造反队"的批斗会上，群众向刘少奇提出了许多问题，他都努力说明事实真相。4月9日中午，当刘少奇听说第二天要在清华大学召开30万人大会批斗王光美时，他表示了强烈的不满，大声激昂地说："我有错误我承担，工作组是中央派的，光美没有责任。为什么让她代我受过？要作检查，要挨斗，我去！我去见群众！我是一个共产党员，死都不怕，还怕群众？""我绝没有反过党，没有反过毛主席。别人反过毛主席，林彪反过，江青也反过，我一直是拥护主席的。在我主持中央工作的几十年里，违反毛泽东思想的错误有！但没反过。工作错误有！但都是严格遵守党的原则的。我没有搞过阴谋诡计。工作是大家一起做的，要我承担责任，可以！但错误得自己去改！""别人就是一贯正确的吗？要一分为二。为什么不许人家向中央文革提意见？有不同意见就把人抓起来！？""有人要逼我当反革命，我可以问心无愧地说，不论过去和现在，就是将来也永远不反毛主席，永远不反马列主义、毛泽东思想！一个革命者，生为革命，死也永远为共产主义事业，一心不变。"②

---

① 引自刘平平等：《胜利的鲜花献给您——怀念我们的爸爸刘少奇》。

② 同①。

4月10日，清华大学造反派召开批斗王光美大会。王光美在这天清晨便被从中南海接出押到清华大学主楼一间屋子里。那里早已坐满了准备“战斗”的造反派，王光美一到场，便开始“审讯”。因为在批斗大会正式进行过程中是不允许王光美说话的，造反派为获得某种情况和宣传效果，所以要在批斗大会之外审问王光美。造反派对王光美共审问了三次，批斗会开始前一次，会后又审了两次。王光美在这三次受审中，同造反派进行了长时间的争辩。笔者认为，这是刘少奇抗争的一部分。

清华大学造反派“井冈山兵团”主办的刊物《井冈山》杂志，在1967年8月10日出版的专刊上登载了《三审王光美》，详细记录了4月10日批斗大会前后三次审问王光美的情况。王年一著《大动乱的年代》一书摘引了它的主要内容，这里转录如下：

第一次审问

地点：清华中央主楼

时间：晨6点半左右

问：刘少奇为什么说《清宫秘史》是爱国主义的？

王：我从来没有听少奇同志讲过这个片子是爱国主义的。少奇同志肯定没有讲过。我相信毛主席，毛主席总会调查清楚的。

（同学要她穿上去印尼的衣服出去斗，王光美不干。）

问：这衣服一定要你穿上！

王：就不穿！

问：穿也得穿，不穿也得穿！

王：反正我不穿。

问：告诉你，今天是斗你。不老实，小心点！

王：我们好好谈谈好不好？

问：谁跟你谈？告诉你，今天是斗争你。

王：反正你们不能侵犯我人身自由。

问：（哄堂大笑）你是三反分子老婆、反动的资产阶级分子、阶级异己分子，别说大民主，小民主也不给，一点也不给，半点也不给。今天，是对你专政，没有你的自由。

王：这是绸子的，太冷了。

问："冻死苍蝇未足奇。"

王：如果我真反毛主席，那冻死就活该。

问：你就是反对毛主席。

王：我现在不反，将来也不反。

问：不行！都穿上。

王：你们没有这权利。

问：我们就有这个权利！今天是斗争你，我们要怎么斗就怎么斗，没有你的自由。你那套真理面前人人平等的臭理论还是收起来吧。我们是革命群众，你是反革命臭婆娘，你混淆不了阶级阵线！

（时间到。捉鬼队员给王穿妖衣）

王：你们武斗，你们违反毛主席指示。

（众念："革命不是请客吃饭……"）

王：谁反对毛主席指示就……（被打断）

（众念："顽固分子，实际上是顽而不固……"）

王：你们用强制手段。

问：胡扯！是你侮辱我们。你穿上这套衣服去印尼与苏加诺吊膀子，丢尽了中国人民的脸，你侮辱了全中国人民。你还想倒打一耙。对你这个反动的资产阶级分子、清华园里的头号大扒手，对你就是要强制。

王：希望你们好好调查一下。

问：我问你，“打击一大片，保护一小撮”是谁干的？

王：真正的革命者是勇敢的，是勇于正视事实的。……反正“打击一大片，保护一小撮”肯定不是我，也不会是杨天放。谁是真革命的，谁干的谁自己承认。是谁说清华园是黑窝的，是谁说宁可怀疑九十九个也不放过一个黑帮……真正的革命者就要敢于站出来，谁干的谁自己承认。

问：你说，为什么打击基层干部，而何东昌倒在香山休养，刘冰、胡健在北京饭店，蒋南翔，同学提了多少回，你们就是不斗。

王：问我不知道，北京饭店是在开会。蒋南翔情况我是反映了。中央有同志批示（我不能说）不让拉回来斗。

问：派工作组的目的是什么？

王：同意派工作组当时中央常委会决定。当然毛主席不在，刘少奇要负主要责任。但真正他派的，只有我一个人。

问：就你这一个人就打多少革命群众成反革命？害了多少人？

王：我们没定一个反革命。

问：你赖不了“打击一大片，保护一小撮”的事实！

王：事实总是事实，应根据事实得出结论，这才是毛泽东思想。

问：不对。立场是主要的。你们站在反动的立场上就是看革命群众的阴暗面，反对文化大革命。我们看的事实、收集的事实就是和你不同。

王：现在有人推卸责任……如果是真正的革命左派应敢于承认事实。……怀疑一切是错误的，是谁提出的？

问：你们怀疑革命的一切，打击一切革命群众、干部。

王：反正“怀疑一切”不是我的思想，更不是刘少奇的思想，我们是反对“怀疑一切”的。

问：（气急、骂）大扒手、反动资产阶级分子，给中国人民丢脸，揭事实（给苏加诺点烟）。

王：我认为我没丢脸。那天是告别宴会，他坐在我旁边，我是女主人……应尊重印尼习惯。

问：你说，你把多少同学打成反革命，我们这里就有不少。

王：反正我们只批过，没有打成反革命。

问：谁让你反“假左派”的？

王：不是刘少奇。是工作组问我，是叶林、杨天放，他们说蒯写了一个夺权的批语，还有反映了与现在根本不同的片面情况，我就根据这些同意了。

问：刘少奇做了什么指示？

王：刘少奇对清华指示很少。

问：那你卖菜是谁让的？捞政治资本。

王：那是毛主席对刘少奇说：“王光美为什么过去四清时三同现在不三同啦？……”主席说：“可以参加劳动，……这样可以接受批评。”我听了很感动，就去劳动了。

问：那你老老实实劳动啊？为什么三个饭厅去卖菜。

王：走三个饭厅，不是因为接触不广吗？

问：你回答：“打击一大片，保护一小撮”到底是谁推广的？

王：的确不是刘少奇。

问：蒯大富是谁定的反革命？

王：与刘少奇无关，也肯定没定反革命。

问：你交待。保蒋南翔是谁指示的？

王：蒋南翔性质未定的话是我讲的。但你们前后的话都不讲，只讲这句是断章取义。

问：同学们对蒋恨死了，你却说性质未定，不让斗，这不是保他是什么？你知道不知道？

王：我不知道。你们试试看，将来你们工作中不要犯错误。

问：你对批判《修养》怎么看？

王：这本书是唯心的，不谈阶级斗争，我同意报上发表的《红旗》评论员文章的几句话。至于反毛泽东思想，主观上我是不同意，是世界观没有改造好。

问：对戚本禹同志批《清宫秘史》的文章怎么看？

王：这部片子是彻头彻尾的卖国主义的，戚本禹同志批得很深很对，这部片子刘少奇没有说是爱国主义的。我和他一起看的，当时只看了一半，以后天亮了看不清了，他什么也没说。这是肯定的，他没说过。我和他一起看的，我知道肯定没说过。

问：照你这么说戚本禹同志在造谣了？

王：是不是另外有人假借刘少奇的名义说过这些话。

问：你觉得这文章写的对不对？这是毛主席看过的！

王：是吗？是主席看过的吗？我觉得还是从革命利益出发，从事实出发，如实向毛主席汇报情况。

问：戚本禹同志文章针对的是谁你清楚吗？

王：那他提的的确是刘少奇。

问：你对戚本禹同志提出的问题怎么看？

王：有的是刘少奇的责任，有的不是刘少奇讲的。

问：那么《红旗》上在造谣？刘不是走资本主义道路当权派？

王：相信毛主席，相信群众，过去就是相信不够才犯了错误。我在刘少奇身边工作了十几年，我觉得有出入，反正有许多不是刘少奇的事。说他是党内最大的走资本主义道路的当权派，我直接没感到这一点。

问：那叫叛徒集团自首是怎么说的？

王：这不是他指示的，是一个负责同志提建议他同意过的。

问：是谁？

王：我不说！

问：你包庇！快说。

王：（沉思一会）是柯庆施建议的，刘少奇同意了。

问：（气愤）不许你污蔑柯老！

王；反正我说话你们不相信，你们可以去调查好了。

问：王光美你说，你对刘少奇是党内最大的走资本主义道路的当权派怎么看？

王：我主观上还认识不到这个水平。反正在八届十一中全会以前主席许多事委托刘少奇、书记处处理，发生的事他要负责，但现在他靠边站了，不负责了，不当权了么。在反动路线时，他是走过一段资本主义道路的。

问：就是反动路线这一点？

王：当然不止。凡是犯路线错误都走资本主义一段道路。

问：就按你的这种说法，你说说看刘少奇走过哪些资本主义道路？

王：山西老区互助组的批示，是错的，是他批的。合作社发展太快，他求稳，说要慢一些。1962年他对困难的估计过分。但“三自一包”“四大自由”谬论出来他是不赞成的，单干也是不赞成的。他那时许多关键时刻还是坚持社会主义的。

问：刘少奇宣扬“红色资本家”，说剥削好，也是主观上走社会主义道路吗？

王：刘少奇是讲了很多的错话，你们是指1950年他在天津的讲话，当时我也在，我知道的，有许多话是很错误的。当时天津有一种过“左”的情绪，不少人要消灭剥削阶级，是毛主席派他去纠偏的，他一些话是纠偏讲的，现在大字报上的话与他讲的有出入。

问：这么说，讲“工人就得剥削”是对的？

王：有些是错的。有的这样讲是对的，有的这样讲不好。这不能脱离环境。比如一个资本家与他座谈说剥削是罪恶，那开一个厂就大罪，再开一个厂罪就更大了。刘少奇说只要对国富民强有好处，开厂剥削，这样的剥削是需要的，工人也需要这样的剥削。这是特定条件下讲的，现在有人砍头去尾地讲这句话。

问：那鼓吹和平民主新阶段，散布对蒋介石的迷信是谁呢？

王：那不只他一个人。根据报纸上的报道，绝不是一个人的责任，停战协定（决议）上写“和平、民主”很明显嘛。他现在把责任担起来，勇于承担责任。（众笑：“这么说他还是英雄了？”）就是勇于承担责任么。

问：那你说，还有谁？

王：不用说了吧。

问：不行！迷信蒋介石的人要查出来。

王：我是中央工作人员，要保密。你们可以去查查报纸，有公开文章的！

问：那刘少奇贪污金皮带圈，金鞋拔呢？

王：金皮带圈、金鞋拔子是有这么回事。他做白区工作，随时有被逮捕危险，是应该身上带些东西的。

问："红色资本家"是谁提的？

王：不知道！反正不是刘少奇，他只说进步资本家。

问：你是否说过王光英这个大资本家好，还要拉他入党？

王：王光英不是大资本家，最多是中产阶级、民族资本家。他剥削是剥削，可是……，你们可以调查一下，他是否可以起进步资本家的作用。他不愿当资本家，说资本家名声太臭，要求入党，党给他任务，让他做资本家的工作。

问：你现在对刘少奇到底怎么看？

王：说他一辈子反革命，不反资本主义，我没有充分材料。

（同学要她戴上项链）

问：你说！江青同志叫你出国不要戴项链，你为什么非要戴上？

王：江青同志是要我不要带别针，没说戴项链的事，但问题是一样的。

问：（逼）那你说红旗调查员的文章怎么样？

王：红旗调查员文章……（不语，同学吵，逼后，大声嘶叫）就是有很大的片面性！

问：好，记下来。

王：记就记，我说的，怕什么！"怀疑一切"肯定不是工作组搞的，更不是刘少奇搞的。清华，我们的问题肯定是右倾主义，是路线错误，我们是右倾不是形

"左"实右。反正这"怀疑一切"肯定不是工作组搞的，我没有这个思想，刘少奇也没有这个思想。

问：那你说是谁？

王：反正有人。

问：无耻！蒙骗人家还夸耀。现在谁都看透你这个反动的资产阶级分子的本质了。

王；我不是反动的资产阶级分子，我是毛主席的共产党员。真理就是真理，可能是有资产阶级反动路线的影响。

问：你敢否定革命小将？

王：真正的爱护小将，应该是什么就说什么，不能歪曲事实来爱护革命小将……（被打断。众：你放毒！）如果你们摆事实讲道理，就让我把话讲完，毛主席说：坏话，好话，反对的话都要听，要让人把话讲完，你们要不摆事实不讲道理，那我就不讲了，你们斗吧！

问：我们就是要斗你这个反动的资产阶级分子，清华园的大扒手。

王：我不是，我是共产党员。

问：你不要给我们的党脸上抹黑了。干的丑事还少啦！桃园四清你干了些什么！

王：对四清材料你们了解了多少？你们都找什么人了解？你们下去五天，我待上一年了，比你们了解，你们要认真调查。

问：去你的。桃园经验臭透了。一会儿你听听。

王：桃园经验是好的，不是坏的。但有缺点有错误。

问：（大伙耻笑她）有功、有功。那么后十条看来也是好的，有缺点、有错误吧？

王：后十条是刘少奇改的，有些清规戒律，但精神是好的，是毛主席叫他修改的。

问：这么说后十条棒极了？

王：后十条有好的部分，但有形而上学，繁琐哲学，一些政策界限强调得过多，成清规戒律束缚了群众运动。

（群众气极，给她“打扮”后照相）

王：谢谢你们。你们不应该侮辱我。

问：刘少奇是镇压无产阶级文化大革命的罪魁祸首，你认为怎么样？

王：（避而不答）他是要负主要责任的。6、7月是他干的，但以后就不能归他。

问：归谁？你说！

王：他路线错误有影响，不能全归他，他有责任。

问：那蒯大富反革命很久翻不过来，谁负责？

王：蒯大富反革命不是刘少奇定的，刘少奇没跟我说过蒯大富是反革命。

问：他在《修养》中大骂有人要全党尊重他……是谁？

王：那是什么时候出版的。他不是骂主席，那指的是洛甫。

问：那1962年再版时为什么不修改，反而把斯大林都删了？

王：那不知道。他是坚决反修的。他改的地方有档案在，你们有条件就去查。毛主席说要出刘选，他不积极，后成立编辑委员会，要他修改出书，他看过一遍，有的是编辑委员会改的，他没注意，你们可以去查嘛。我知道，他是不反斯大林的，“九评”，“两论”，他都参加起草的。

问：戚本禹同志的文章你怎么看？

王：批这电影很对、该批。

问：不对，要害是揭开了“老革命”的画皮，暴露了假革命、反革命的本质。

王：“言者无罪，闻者足戒”。

问：胡说！你顽固到底死路一条。我们就是要把刘少奇拉下马！

王：拉下马我同意，别人领导比他领导对党更有利。

问：王光美，你对戚本禹同志提的几个问题怎么看？（念戚本禹同志的文章最后的几个问题）

王：（1）没讲过。我不知道。（指老革命遇到新问题、疯狂进行资本主义复辟、猖狂反对毛主席三个问题。）

（2）我等待毛主席讲话，等毛主席讲最后一句话。刘少奇并不是梦寐以求资本主义，他是想搞社会主义的，说猖狂复辟不是那样，愿意搞社会主义的。他特别谈了一些防修、反修、反资本主义复辟的问题，他经常想，但想不出办法，无办法没有水平，无魄力像毛主席这样搞文化大革命。他是考虑避免修正主义复辟的。我认为他最大的错误是没有提倡全党全民大学毛泽东思想，从他的地位、重要性、毛主席对他的信任来看，应很早就提出的，但他1966年才提出，这是他最大的错误。

（3）他没有反对过毛主席，更没有什么猖狂。他有违反毛泽东思想的地方，有不少是世界观问题。

（4）他没有大肆宣扬。他是想保存革命有生力量。当时白区损失极大，日本人又要进攻，因为一些人不知名，影响并不大，就让他们自首了。北京61个人，天津几十个人。至于自首书的措词，什么“坚决反共”，他不知道的。

（5）起草的文件，中央是看过的，当然他要检讨，但同一个文件他提出过积极练兵。当时这些是可能造成不好的影响。

（6）他反对资本主义改造？没有！在天津讲话是错误的，但改造资本家他是积极赞成的。合作社问题他是同意过一些同志的意见，主要是邓子恢干的。

（7）八大报告是有缺点，但是这并不是他一个人的问题。八大决议好像也有错误。……主席没看过？……这是很匆忙的，刘少奇决议好像看得也很匆忙。不过文件出来很久了。毛主席、党中央未表态。

（8）这不是刘少奇说的。他只是对困难估计过分了。可能是会助长歪风滋长。

（9）刘选编委会叫他审查的，他对此不积极。

（10）他是过分强调了阶级斗争，过分强调了扎根串连。有些话使人感到农村漆黑一团。

（11）对6、7月之前我同意毛主席大字报的观点。

6、7月后他也要负责任。是不是都要他负责，那我就不了解情况了。

（王光美准备“坐牢”，将毛巾、牙刷……什么都带来了。）

问：王光美，你怕不怕？

王：我怕什么。我不怕。

第二次审问

时间：4月10日下午1点

地点：清华主楼803

问：你对戚本禹同志的文章怎么看？

王：戚本禹同志写得很好，旗帜鲜明。根据我知道的事实，刘少奇是假革命、反革命的结论我得不出。1950年我同刘少奇一起看这部电影时，他没有讲什么。主席要批判，他没批判，这是错了。反正我没有听他说过这片子是爱国主义的。戚本禹同志的文章出来后，我很气愤，也很关心。毛主席说我们要关心国家大事么，我又问了刘少奇一次，与他回忆了很久，他也说没说过。我们相信毛主席，伟大的毛主席会弄清楚的。

问：照你这么说刘少奇还是老革命？文化革命也只是“老革命遇到新问题”？

王：刘少奇在文化革命中犯错误不是偶然的，他自己也说不是偶然的，他的世界观没有根本改变，不可能不违反毛泽东思想，他是要负主要责任。他没有毛主席的胆量和魄力来发动领导这场史无前例的无产阶级文化大革命。过去，我的错误是相信党、相信毛主席不够，相信群众不够。现在，我愿意交真心给你们。我对“假革命”“反革命”的确没有认识到。

问：问你，你对今天斗争大会怎么看？

王：今天大会表现了群众的愤怒。我个人受一些委屈也没啥。毛主席教导我们也要经风雨见世面嘛。我希望你们给我听录音，我听到的太少了，我应知道自己犯了什么错误。也应让刘少奇知道。

问：狡辩！我问你，桃园经验到底怎么样？

王：我认为桃园经验是成绩多缺点少。

问：呵！还成绩呢？你倒成了有功之臣了。

王：成绩不是王光美的，是毛主席的，是毛泽东思想的。

问：不许你污蔑毛主席。

王：我去桃园，许多人都不支持。刘少奇是主张我去的，那时就只有毛主席支持我去。

问：可是你呢，大整社员，大整同学，毛主席支持吗？

王：那，人的认识有个过程，这是符合毛泽东思想的，不然正确思想从哪里来？

问：再问你，刘少奇在天津讲的反动话你怎么看？

王：天津讲话，有好的，有不好的，有错误的。他是毛主席派去的，是针对一些人“左”倾情绪去纠正的，他说的话有些是很不好的。但“红色资本家”不是他讲的，我知道，我不说是谁。刘少奇只讲过进步资本家，资本家是有先进的，落后的。

问：谁说的“红色资本家”？

王：我是中央工作人员，要保密。

问：不行！你是专政对象，说！

王：还是不说的好，我知道你们要揪。

问：算了吧！谁不知刘少奇是老机会主义者。

王：是的，是有人批评他老右倾，立三路线时批评他右倾，王明路线也批评他右倾……（打断）

问：恶毒！你说现在是什么路线！不许赖！

王：我是说过去。

问：你对《论修养》怎么看？

王：我同意红旗评论员的话。

问：戚本禹同志文章呢？

王：（避而不答）

问：赶快交待你和刘少奇攻击中央文革的罪行。

王：刘少奇没有罪行，叫我交待什么？

问：少耍赖！你对中央文革到底怎么看？

王：越是做工作多的，缺点错误是不可避免的。真正的革命者要自我批评，中央文革是经常检讨自己的工作的，我从讲话上看到过。大字报上边也有提意见的嘛！

问：三反分子的臭老婆，我们早定你……（被打断）

王：中国的妇女中国的女共产党员是独立的，不能因为丈夫错了，老婆就一定错；老婆错了，丈夫就一定错。

问：你们俩本来就是臭味相投，你是什么共产党员？你是刘少奇拉入党内的阶级异己分子！

王：我入党不是拉进来的，我有手续的。

问：你介绍人是谁。

王：反正不是徐冰，外面是谣言。

问：谁？

王：一个姓孙，一个姓赖。

问：叫什么名字？在哪儿工作？

王：（不说）我的历史，我全部向组织汇报过了，你们可以通过组织调查，这些没必要说。

问：我们就要你说。谁看你档案。说！刘少奇对戚本禹同志的文章怎么看？

王：文章发表后，他很仔细地看了两遍，我想他不会承认假革命，反革命。刘少奇说他从来没说过是爱国的。我们一起回忆过这件事，那回是谁推荐的，什么过程，我都忘了，反正是演到一半天就亮了，看不清，我们什么也没说。

问：你是不是说戚本禹同志，《红旗》在造谣？

王：戚本禹，我一直认为是好同志。是不是有人造谣，我不知道，反正刘少奇没说过。

第三次审问

时间：4月10日5点40分—10点零5分

地点：主楼803

问：刘少奇是反党头子，知道吗？

王：毛主席十一中全会上没有这么说。十七年来成绩是毛主席的，刘少奇是第一线，有错误是他的。

问：你说《红旗》文章你同意，那刘少奇是否修正主义一套？

王：《论修养》是唯心等还可以，否认无产阶级专政等我还想不通……

问：《修养》和赫鲁晓夫是否一样？

王：有某些方面一样，也有合乎马列主义的。

问：哈！这不是修正主义吗！打着红旗反红旗，你自己回答了这个问题。1962年大量印发出版是谁定的？

王：可以查么，不是刘少奇亲自抓的。不知道。

问：戚本禹文章好得很还是糟得很？

王：从批《清宫秘史》和肃清刘少奇影响是好得很，但有些事实我有保留。是假革命反革命我未认识到。刘少奇从来没有讲过是爱国主义。

问：难道《红旗》文章不符合毛泽东思想吗?

王：我不知道毛主席亲自看过。

问：你相信不相信中央文革?

王：中央文革在文化大革命中建立了不朽的功勋，总的说来相信的，每个成员是否都相信，那我有保留……

问：戚本禹文章的结论是中央文革的，你拥护中央文革吗?

王：那为什么不以中央文革的名义发表呢?

问：刘少奇看了戚本禹文章什么态度?

王：刘少奇，反正不是反革命。

4月14日，刘少奇向“南海卫东革命造反队”交出一份书面答复，具体回答了戚本禹文章中“八个为什么”对他的攻击、污蔑，逐一说明了事实真相。

4月20日，王光美给毛泽东写了一封信，详细叙述了她参加清华大学工作组的经过和4月10日批斗大会的情况，对报刊和造反派的种种诬蔑不实之词作了申辩。信中流露出难以遏制的不服，说：“我决不是坏人，刘少奇也决不会是假革命或反革命。”

7月4日，中央办公厅主任通知刘少奇说，中央的意见要刘少奇向北京建筑工业学院“新八一战斗团”写一个检查。这时刘少奇的精神和身体都很不好，怎么也写不下去，只好由王光美按照他在中央工作会议上检讨的内容改写。其中说：“我对自己所犯的这次错误，直到去年8月5日毛主席炮打司令部的大字报出来后，我才开始理解的。在此以前，我是不理解我犯了这样严重的错误。”“检查”由刘少奇签名送上去后，刘少奇又重新把它要了回来，特意在第三部分的开头加了一句：“在毛主席不在北京时，是毛主席党中央委托我主持党中央日常工作的。”这份“检查”被造反派指责为“假认罪、真反扑的铁证和宣言书”。在江青一伙的挑动下，造反派几十万人在中南海周围安营扎寨，组织所谓“揪刘火线”，扬言要把刘少奇揪出中南海，制造了一起“围困中南海”的闹剧。

在造反派闹得最厉害的日子里，上百个高音喇叭对着中南海内狂呼乱喊，游行队伍络绎不绝，在中南海西门外轮番揪批各省和中央各部的主要负责人。刘少奇知道这些情况后说：“要毁掉大批好干部。”一次，王光美对他说，她实在看不下去了。说着向刘少奇摇摇安眠药瓶子，刘少奇说：“不能自己作结论。”

7月中旬，北京建工学院“新八一战斗团”又送来“勒令”，要刘少奇再作检查。7月16日，刘少奇致信汪东兴说，鉴于第一次检查被说成是“反扑”，不准备再向建工学院作第二次检查。7月20日至24日，“新八一战斗团”又连续三次转送来“勒令”，继续要刘少奇写检查。刘少奇十分气愤，拒绝再写检查。一次，他手拿《宪法》对送“勒令”的人说：“是谁罢免了我的国家主席？为什么向我下‘勒令’？”他当即把这些“勒令”都转报中央，请中央决定处理办法。

这期间，王光美曾建议刘少奇再去找毛泽东谈谈。刘少奇说：“不要再幻想了，要作最坏的准备。”7月18日，在中南海造反派来揪斗刘少奇、王光美时，刘少奇对妻子说：“好在历史是人民写的。”

据刘少奇的子女们回忆：1967年8月5日批斗会结束后，刘少奇被押回办公室，“他疲惫已极，余怒未息，立即按铃把机要秘书叫来。爸爸拿出《中华人民共和国宪法》，义正词严地抗议说：‘我是中华人民共和国的主席，你们怎样对待我个人，这无关紧要，但我要捍卫国家主席的尊严。谁罢免了我的国家主席？要审判，也要通过人民代表大会。你们这样做，是在侮辱我们的国家。我个人也是一个公民，为什么不让我讲话？宪法保障每一个公民的人身权利不受侵犯。破坏宪法的人是要受到法律的严厉制裁的。’”

8月7日，《北京日报》发表《篡党篡国阴谋的大暴露》一文，说刘少奇策划和支持了所谓“畅观楼反革命事件”。刘少奇读后立即给毛泽东并中共中央写信，反驳了这种毫无根据的指责，提出：“关于我是否‘策划’和‘支持’畅观楼反革命事件、我与畅观楼反革命事件有无牵连，我请求毛主席、党中央严加审查！”他严正指出：“说我的目的就是要‘反党’、‘反社会主义’、‘反毛主席’、‘反毛泽东思想’、‘要在中国复辟资本主义’、‘要阴谋篡党篡国’等，我是不能接受的。因为我从来没有这样想过，而我想的都是同这些相反的。”“我没有在党内组织任何派别，没有在党内进行过任何非法的组织活动”。

1968年1月底，江青等人为了在审查刘少奇历史问题上打开缺口，指示以“中南海无产阶级革命派”名义，由中央办公厅政治部正式通知刘少奇书面交待入党经过和被捕情况。尽管刘少奇这时已被单独关押了半年多，疾病缠身，但他还是于2月11日交出了“书面交待”，再次说明事实真相，对当时造反派诬陷攻击最多的几个历史问题给予回答和澄清。据笔者掌握的资料，这是刘少奇留下的最后一份亲笔文字。

自从中共八届十一中全会把刘少奇作为“错误路线”的代表人物弹劾以后，刘少奇就做好了撤职的思想准备。以后他又多次提出辞去一切职务的要求。显然，这也是刘少奇抗争的一种表现和方式。

早在1966年8月4日，在八届十一中全会期间毛泽东召集的中央政治局常委扩大会议上，刘少奇就讲了“五不怕”，说：“无非是下台，不怕下台，有五条不怕。”“五不怕”是毛泽东1959年倡导学习海瑞时提出来的一种斗争精神，其中的第一条就是“不怕撤职”。刘少奇借用了这一说法。在中共八届十一中全会改组中央领导机构以后，刘少奇作了表态发言。在他手写的发言提纲中，有这样的话：“我当遵守党起码的纪律，不搞两面派，不搞地下活动。有意见提到桌面来。常委委员、国家主席，已不适宜。这样，对党好，对革命好，对我也好。”这是刘少奇最早提出的辞职请求。

据王光美回忆，刘少奇曾几次就辞职问题向家人打招呼。1966年11月底，在一次家庭提意见会上，刘少奇说：“我可以不当国家主席，带你们去延安或回老家种地。”1967年1月上海夺权后批经济主义，他又说：“现在批经济主义是什么意思？我早就不过问中央工作了，为什么还同我连上？如果是为了打倒我，我可以不当国家主席回乡种地嘛。”①

这期间，刘少奇还曾找周恩来谈过辞职问题。

1967年1月13日，刘少奇利用毛泽东召见的机会，郑重提出：辞去国家主席、中央常委和《毛选》编委会主任职务，和妻子儿女去延安或老家种地，以便尽早结束文化大革命，使国

① 王光美的回忆。

家少受损失。

1967年8月8日，刘少奇在给毛泽东和中共中央的信中，再次书面提出辞职一事。他写道："我请求毛主席、党中央免除我党内党外的一切职务。如果有任何一项要写出什么书面文件，我随时都可以写出。"

但是，刘少奇一次又一次的申辩、抗议、要求辞职，都被置之不理。1967年7月18日，刘少奇被单独关押，看管越来越严。9月13日，王光美被捕。他们的子女被赶出家门到各自的学校接受批判审查。刘少奇终于意识到，他的一切争辩都将无济于事。从此，他不再写信，不再申述，说话越来越少，最后索性连一句话也不说了，用沉默来表示他无声的抗争。

3　生活上身体上的折磨

刘少奇被打倒以后，处理刘少奇问题的大权被“中央文革小组”直接控制，特别是为江青、康生、谢富治等少数几个人一手垄断。他们除了通过诬陷攻击、残酷批斗、不许申辩等手段在政治上打击刘少奇，用长期单独关押、不许家属子女见面、策动身边工作人员和子女造反等办法在精神上折磨刘少奇以外，还在生活上、身体上摧残刘少奇，其中包括大幅度降低生活标准和患病后不进行有效治疗等。

1967年6月8日夜，刘少奇的炊事员郝苗突然以莫须有的罪名被捕。这位厨师长期为刘少奇做饭，了解他的饮食习惯，被抓后对刘少奇的生活影响很大。12月8日，专为中央领导供应食品的内部供应站贴出大字报造反，停止向刘少奇供应食品。身边工作人员向主管部门请示此事，答复是到市场上买。内部食品供应取消后，刘少奇的伙食又差了许多。12月20日，有关部门在一份报告中说：“刘处生活有明显的变化。过去每餐三菜一汤，现改为一菜一汤，不是炒白菜、熬萝卜，就是炒萝卜、熬白菜，加上少许的肉、鸡、鸭、鱼之类的东西，工作人员意见以后不给他吃了，并取消了日用的酸牛奶、水果、饼干等食品。过去刘睡前有饮酒习惯，工作人员准备在他吃完库存的几瓶酒后，也不再给他买了。工作人员提出，能保证刘吃饱，饿不死就行，有些可有可无的东西，能减就减，还准备进一步缩减刘每天服用的安眠药（现在每晚服3次，20片），茶叶也不给用了，手表坏了有的同志也主张不给他修。”

1968年3月，刘少奇的另一位炊事员、原来郝苗的助手也被突然调走。这样，就没有炊事员为刘少奇做饭，只好由卫士到职工食堂买回来吃。时间不长，食堂也“造反”了，以“中国赫鲁晓夫”不能吃好饭好菜为由，只卖给次菜，有时给窝窝头。刘少奇这时已70岁，嘴里只有七颗残留的牙，用假牙咀嚼很困难，所以有时只能吃一点菜和汤，经常吃不饱。这期间，拨给刘少奇的生活费用每月只有50元。

当时在刘少奇身边的卫士贾兰勋回忆说：“由于饮食质量的大幅度下降，再加之精神上的长期折磨以及来自报纸、广播等各方面的刺激，少奇同志郁愤成疾，他的身体逐渐垮下来了。1968年3月以后少奇同志吃饭、走路就很困难了。他的一只腿走起路来只能拉拉着，勉强向前移动，手还得扶着墙壁，吃饭时手和嘴配合不在一起，有时嘴张开了饭菜到不了口，饭菜到了嘴边，嘴又闭上了。手拿起筷子来，颤抖得很。”

刘少奇平时需服大量安眠药才能入睡，但从1967年4月起被减半控制服用。刘少奇长期以来习惯于夜间工作，白天睡觉，被隔离后要他改变作息习惯，强令他白天活动，夜间睡觉，致使他长期睡眠不好，成天神思恍惚。4月8日，他几次突发神经性晕厥症。9月13日下午，刘少奇进卫生间洗澡，突然晕倒在地，清醒后，身上疼痛。15日经医生检查：血压偏高，尿糖定性3个加号，腿脚有轻微浮肿，右胯骨关节痛。10月4日因牙床发炎化脓，拔掉了两颗牙。这段时间，刘少奇一再出现病情，但得不到及时有效的治疗，经常要多次打电话给中南海门诊部，才能派来医生。来了以后也不好好看病，往往是先划清界线，批判一通，然后才进行一些简单的治疗。

1968年3月以后，刘少奇的病情明显加重：走路小步拖行，站立不稳，动作失常，如将裤子当上衣穿，假牙上下倒装，小便失禁等。4月12日的《刘少奇情况反映》记载："近几天来，刘吃饭减少，有时只把菜和汤吃了，饭一点不吃。尿了床既不换衬裤，又不晒被褥。""已有两个月没有理发，他也不提理发。""据大夫检查：刘的神智不大清楚，表现定向，辨别不清，表情呆板，对问话没有反应，说不清一句完整的话。两脚移动吃力，走路迈不开步。在穿衣、安假牙时，几次发现上下倒穿、倒安的情况，当别人告其错了时，还不知纠正。据大夫判断，刘不像是装的。是否是神经的毛病，当须请神经科大夫做一次检查。"在这样严重病态的情况下，这份报告还提出："针对以上情况，为防止他行凶或自杀，我们进一步加强监护工作。"4月2日的病历上竟还写着这样的话："该人狡猾，不能排除有意这样做的可能性。"

这样过了两个来月，到五、六月份还没有采取认真的治疗措施。相反，5月19日的《刘少奇情况反映》竟颠倒黑白地称："装糊涂的事越来越多。比如用梳子、肥皂刷牙，袜子穿在鞋上，短裤穿在长裤外面，有时把两条腿穿在一个裤腿里，装疯卖傻，尽出丑态。为严防意外，监护工作相应采取一些措施。"

刘少奇本人也看出他们不打算认真为他治病，对他们的这种不讲人道的行为提出了强烈抗议。据警卫局《情况反映》记载："6月30日晚上七点半，刘躺在床上大发脾气说：'你们的治疗是假的，我的病反而严重了。''你们注意点，最近几天我就死了。'"

几天以后，刘少奇的病情恶化。7月9日，支气管炎急性发作，转为支气管肺炎，生命垂危。这时，才从北京医院和军队医院调了几个医生组织会诊抢救。由于病情严重，经抢救仍控制不住，11日又趋恶化。据7月12日凌晨的病情报告记载：11日刘少奇的呼吸排痰机能很差，气喘剧烈，有窒息的可能；心脏情况很不好，心率波动很大，心律不够整齐，时而跳90余次，时而加快到140—150次，“这是与病人年老、血压高、心脏冠状动脉硬化、肺部严重感染有关。现病人的情况处于十分危重的状态，随时可能发生意外。”一直到7月14日，病情报告仍提出：“尚未脱离危险期。”

从7月9日起，从几个医院抽调来的专家进行了七次会诊。专家们提出将病人撤离监护环境住院治疗的建议，但没有得到批准。于是，只好从北京医院拉来一些医疗器械，就地进行抢救治疗。7月24日，刘少奇的病情开始好转。

这次组织会诊抢救，目的是为了“保存活证据”。7月9日和8月6日，有关负责人两次对医护人员说：要尽力治好，护理好，要把他拖到九大，留个活靶子供批判。所以当时警卫人员的口号是：“保护活证据，向九大献礼。”

在刘少奇的肺炎尚未完全控制的情况下，就让参加会诊的专家陆续撤离，返回原单位。由于得不到有效医治，从8月至10月上旬，病情又反复发作了5次，支气管肺炎重复感染。9月7日，只得又请专家会诊。专家会诊后提出：患者年老，天气渐冷，反复感染，今冬可能发生生命危险。周恩来看了专家的报告后批示：“请卞志强同志注意，加强会诊的工作。”

此后虽然加强了会诊和护理，但刘少奇的病情并未好转。基于“拖过九大留个活靶子”的指导思想，治疗中只针对肺炎，顺带控制糖尿病，而对神经病变引起的神智不清、大小便失禁等未采取有效措施。据《刘少奇病情报告》记载：10月5日患者哭过两次，10月9日以后完全不能进食，喂食后不往下咽，“目前有些抗菌素完全失效，有的长期使用严重副作用。现采用鼻饲法由胃管内补充。今后再发生严重的反复即可能无法救治。心脏有冠状动脉疾病，脑血管有硬化及脑软化，加上糖尿病，也有可能突然变化。防止在短期内死亡。”从10月11日起，对刘少奇实行从鼻孔插管灌食。这种维持生命的方式，一直继续到他1969年11月逝世。

1968年春夏以后，刘少奇一直处于重病的痛苦之中。刘少奇的子女刘平平等在《胜利的鲜花献给您》一文中说：“由于病痛和窒息的痛苦，他常常紧攥着拳头，或者伸出十指乱抓、乱撕，一旦抓住东西就死死不放。工作人员和医护人员看着他那种难受情景，实在不忍心，就把两个硬塑料瓶子让爸爸捏在手里，到爸爸死的时候，两个塑料瓶已经完全变形，攥成了两个小葫芦。”笔者看到在刘少奇病重的1968年10月为他在病床上拍的两张照片。照片上可以清楚地看到刘少奇手里紧紧捏着的这两个“小葫芦”。

在留存下来的《刘少奇病情报告》中，还可以看到这样一些记载：

1968年11月7日：今日突然发抖，呼吸急促，面色苍白，两目凝视，呕吐，体温高达40度，血压260／130，大汗淋漓。

1968年11月9日：上午9点50分开始突然发抖，呼吸急促，下午1时半再次发抖，40度，呕吐。

1969年1月14日：问话无反应，全身肌肉退行性萎缩，不能自行咀嚼吞咽，一直鼻饲，翻身、大小便不能自理，离不开吸痰器。

1969年7月5日：高烧38度，容易休克，心力衰竭，预后不良，可能随时死亡。

1969年8月16日：可能随时突然死亡。

4　在重病中押送开封直至逝世

1969年10月17日，刘少奇被秘密押送河南省开封市“监护”。当时刘少奇处于“可能随时突然死亡”的重病中。在他被转移到开封后仅26天，即含冤去世。

将刘少奇转移到开封，倒并不是专门针对他一个人的举措。1969年10月，根据当时中国北部边疆一些国家间的紧张局势，毛泽东作出了国际形势有可能突然恶化的估计。10月17日，林彪在苏州发出“关于加强战备，防止敌人突然袭击的紧急指示”，要求全军进入紧急战备状态。18日，林彪死党、当时任解放军总参谋长的黄永胜等以“林副主席的一号令”下达了这个紧急指示。全国全军据此进行了一系列大规模的备战行动。

在这种背景下，中共中央决定一些党和国家领导人、党政军重要干部疏散出北京，将一些重要的审查对象分别转移到外地。如朱德去广东，邓小平、陈云去江西，陶铸去安徽，陈毅去河北。刘少奇被安排送往河南省开封。

负责具体执行的是中央办公厅警卫局。10月16日晚，中办负责人来到刘少奇住处，召集有关人员开会，作了布置。当时还让一位护理员写了条子通知刘少奇。护理员用棉签蘸上墨水，在一张16开白纸上写了“中央决定把你转到另一个地方去休息”几个字，放到刘少奇眼前，刘少奇扭头不看。

10月17日，中办负责人将刘少奇转移开封一事电话通知了河南省和当地驻军的主要负责人。河南省和当地驻军迅速作了布置，确定由驻军一名副政委、军事法院院长负责监护工作，并从军医院抽调一名医生、四名护士负责护理，调一个排的战士负责警卫，并确定电话联系的代号为“十七号”。

10月17日晚，北京的护理人员匆匆忙忙给刘少奇穿了一件上衣，连裤子、鞋袜都未穿，只用一条被子裹在身上，就将他抬上一辆救护车，送往北京西郊机场。19时23分，刘少奇在两名专案组人员的押送下，被用担架抬上一架伊尔—14型飞机飞往开封。同机跟去的还有一名医生、两名护士和原卫士长李太和。

21时30分，飞机在开封机场降落。刘少奇被抬到救护车上，直送监护地点——开封市革委会一号楼“小天井院”。

这里是原“同和裕银行”的旧址，后曾改称“农工银行”“河南省银行”，“文化大革命”中属开封市革命委员会机关的一部分。这个小天井院四周是连接着的三层楼房，院墙高大，并安有铁门，只有一个通道可以进出。在监护用的屋子里有地下室和院子相通。具体负责监护工作的有驻军法院院长等3人，工作人员分工内部监护6人，外部警卫26人。警卫方面真是严密到了万无一失。在唯一的对外通道小院门口和刘少奇卧室门口布置了两道警戒线，昼夜24小时双哨床前监视。

在刘少奇被送到开封的第二天，这位负责一路押送的专案组副组长主持有关人员开会，进行动员和交代任务。他还组织监护工作人员开展了所谓阶级教育和保密教育，规定不许对外界任何人讲，不能叫刘少奇的名字，只称代号“暗犯”。

1980年2月，这位副组长回忆当时情况时，承认自己“说了不少错话，做了一些错事”，说：“对担负监护、医务人员进行动员交代任务时，一方面组织他们阅读所谓‘罪证材料’，开展革命大批判，激发阶级仇恨，咒骂刘少奇同志是叛徒、内奸、工贼、走狗，要求监护和医务人员与其划清阶级界线；另一方面又说明保存活证据的意义和任务，要实行革命的人道主义救死扶伤，对现有疾病进行治疗和护理。这样的做法本身就是错误的、自相矛盾的。开展革命大批判，激发阶级仇恨心，又怎能使医务人员精心治疗和护理呢？”对于医疗问题，这位副组长根据来开封前商量的意见，指示只要控制现有病情不再发展就行了，不组织会诊，开封有什么药就用什么药，不要到外地采购。

从北京跟去的一位医生，在开封只住了一晚，第二天就返回北京。11月6日，其他两名护士、原卫士长以及两名专案组人员全部奉命回京，刘少奇的监护、医疗工作完全交由当地负责。

10月31日，中央办公厅提出了对刘少奇等人工资问题的处理意见，其中说：刘少奇每月工资404.8元，原每月领去160元，有时领去170元（开支情况：本人生活费50元，保姆40元，两个孩子每人30元），余的全部扣存（房租由扣存部分解决）；今后拟每月发给刘少奇生活费用100元，工资关系全部转至所在省。

刘少奇被送到开封时，处于昏迷状态。据当时参加护理的人回忆：刘少奇被转到监护地点后，整天躺在床上昏睡，醒来时睁眼看看周围，不言不语，不说不笑，头部少有转动，偶尔有时出长气，有时咳嗽，面部始终无任何表情；身体十分消瘦，皮包骨头；不能自进饮食，靠鼻饲维持生命，手里紧紧握住一个“小葫芦”。当地调来的医生曾提出“肺炎病怎么会昏迷”的疑问，要求给刘少奇进行透视、拍片和会诊，没有得到同意。

在开封的20多天中，刘少奇三次病情发作，最后一次发病后死亡。

第一次是在10月24日。这天，刘少奇的体温突然增至39.3℃，呕吐剧烈。这时刘少奇卧室还没有通暖气，室内温度在17度以下。开封的医生在病历上写道：诊断为肺炎，我们意见，可继续观察，如病情恶化，便送155医院，组织会诊抢救。但后来并没有组织会诊抢救，更没有送医院，只是就地采取注射抗菌素、输液、吸氧和冷敷等措施，至27日体温下降。可就在24日这天，当时河南省主要负责人却向中央电话报告说：刘少奇到开封后病情无异常变化。

10月31日，刘少奇的病情再度恶化，体温升至39.4℃，腹胀。监护人员诊断讨论后认为病情严重，原因不明，决定按肺炎治疗。可正当刘少奇的病情需要各方共同协助检查治疗时，从北京去的人员却于11月6日全部撤回。专案组人员回京后在向上级的报告中掩盖了刘少奇病危和开封治疗条件差的情况，说：“两次发烧已恢复正常”，“再没有异常变化”，“一军的医护人员已能熟练掌握”。

11月10日，刘少奇又发高烧，体温从38.7℃升至39℃。由于没有会诊，当地医护人员只得仍按肺炎治疗。12日凌晨1时许，病情急趋恶化，发生点头张口呼吸、嘴唇发紫等现象，吸氧后仍未改变，体温达39.7℃，双眼瞳孔对光反应消失，呼吸渐弱。值班护士仍按原来的处方用药，直到6时38分才通知其他几个医护人员来“抢救”。6时42分人员到齐，3分钟后，刘少奇的心脏停止了跳动，时间是1969年11月12日6时45分。

刘少奇的遗体被搬上担架，停放在监护地点的地下室里，进行了拍照。

11月13日上午，“刘少奇专案组”两名专案人员和原卫士长李太和再次奉命来到开封处理后事，但没有通知刘少奇的任何一个亲属。他的家属子女在几年时间里对他的生死和下落一无所知，一直到林彪自取灭亡后的1972年，才得知刘少奇已于三年前去世。

11月14日零点，刘少奇的遗体被送到开封火葬场秘密火化。监护人员向火葬场伪称火化一名烈性传染病尸体，要求他们只留两名工人看炉点火。遗体的面部用白布包扎，护送人员都穿白大褂，带着消毒工具。由于运送遗体的汽车车厢较短，遗体的两脚裸露在车厢外。火化的手续是专案组人员办的，登记申请人时冒用了刘少奇儿子刘原的名字，对死者则写了“刘卫黄”这个不为外界所知的刘少奇少年时曾用过的名字。

“火葬申请单”是这样填写的：

开封火葬场火葬申请单　　　　第316号

死者姓名	刘卫黄	性别	男	年龄	71	民族	汉	籍贯	湖南
死者职业	无　业	死亡原因		病死			停尸地点		
火葬日期	1969年11月14日0时						骨灰处理		存你处
申请人姓名	刘　原	性别	男	与死者关系			父子		
申请人住址	8172部队						电　话		
登记日期	1969年11月14日0时			申请人盖章或签字					刘　原
备　　注	骨灰编号123								

经办人　　　　1969年11月14日凌晨

刘少奇的骨灰被装在一个普通木质骨灰盒里，存放在开封火葬场骨灰存放厅，寄存证由当地驻军保存。

5 株连

株连这一封建主义的遗毒，在“文化大革命”中大肆泛滥。刘少奇冤案是株连范围最广、人数最多的一个案子。根据最高人民法院1980年9月前的统计，因刘少奇冤案被错判的案件就有22053件，因此而错受刑事处分的达28000余人，其他受批斗、审查、隔离、关牛棚的人更是难以数计。

因刘少奇被打倒而受到株连的人，大抵有三类：一是家属亲友；二是同刘少奇有工作关系或历史联系的领导干部；三是为刘少奇鸣不平的群众。本书不可能也没必要对这些受株连人和事逐一评述，只对一些最直接的例子作些简略的介绍。

在因刘少奇案受株连的人员中，首当其冲的是他的夫人王光美。

王光美是原辅仁大学学生，1946年经北平地下党推荐，到北平军事调处执行部中共代表团任翻译。1947年2月军调部撤销后，她随中共代表团到了延安，为中共中央一些领导人当外事翻译，以后又参加解放区土地改革工作队。1948年8月中旬，在中共中央工作委员会所在地河北省平山县西柏坡村，王光美同刘少奇结婚，这以后一直担任刘少奇的秘书。

王光美的这些经历本来是很清楚的，可江青、康生一伙为了打倒刘少奇，就硬要在王光美身上打开缺口，无中生有地诬陷王光美到军调处当翻译是受美国中央情报局的派遣，诬陷她有意打入延安。他们的目的，就是先把王光美打成特务，然后以此为借口，“突破”刘少奇的历史问题。

1966年中共八届十一中全会后，刘少奇还是中共中央政治局常委、国家主席。林彪、江青、康生等还不便直接设专案审查刘少奇，就阴险地在审查王光美的名义下搜罗诬陷刘少奇的材料。“王光美专案组”是1966年12月18日正式成立的，成立后很快就同时搜罗有关刘少奇、王光美两个人的材料。从1967年3月起更是重点搞刘少奇，许多专案情况报告都是有关刘少奇的，可为了掩人耳目，一直到1968年4月中旬，这些报告仍以“王光美专案组”的名义，4月下旬开始才署名“刘少奇、王光美专案组”。所以，王光美因刘少奇而受到株连，是没有疑问的。

在江青等人的唆使下，王光美除了在中南海内遭到造反派的多次批斗外，还两次被揪出中南海。1967年1月6日造反派用欺骗手段将王光美绑架到清华大学批斗，4月10日再次被拉到清华大学的30万人大会上接受批斗。

1967年8月，江青、戚本禹批准拘留了重病中的人民大学教授杨承祚及其夫人袁绍英，后来又抓了河北北京师范学院教授张重一等人，逼他们指供王光美是特务。杨承祚、张重一被逼供致死。

仅根据这两位危重病人的“口供”，江青、康生就要专案组写出“王光美特务问题情况报告”。专案组写的报告中竟说从调查和审讯情况来看，“基本上可以断定王光美是美国战略情报局的一个特务”。江青看了还不满意，在专案组的报告上打了个大红叉，批道：“搞的不好，退回专案组。”康生把专案组负责人找去批评说：“你们完全没有弄清我们的意思，这个报告不能用。报告不用你们搞了，我亲自写几十个字就行了。”后来就由康生口述、秘书记录，写了“关于逮捕审查王光美的报告”，说：“根据现有材料证明，王光美是美国特务”，还有国特、日特嫌疑，建议逮捕审查。1967年9月13日凌晨，王光美被正式逮捕，执行人员向她出示了谢富治签署的逮捕证，给她戴上了手铐。12月，她被转往秦城监狱，前后共监禁了将近12年。

1970年7月，江青等控制的“刘少奇、王光美专案组”提出要对王光美“永远开除她的党籍，并依法惩办”。毛泽东对此批示：“暂时还不宜判刑。一切这类专案，对罪犯都宜调研从严，处理从宽，保护犯人，使他们感觉有出路，以便保存活证据，对将来有利，此事请中央一议。”这样，王光美未被正式判刑。

因王光美问题又牵连到她的亲属。在“文化大革命”中，王光美的兄弟姐妹都受到了冲击。她的哥哥王光琦、王光英被长期关押。她的母亲董洁如，1966年已73岁高龄，仍遭造反派多次揪斗，还被拉往山西、天津等地游斗。1968年，董洁如作为王光美“特务知情人”被“刘、王专案组”当作重点审查对象关进监狱，1972年7月死在狱中。

刘少奇的子女们当然也是株连的对象。长子刘允斌原是包头某国防工厂副总工程师、研究室主任，“文化大革命”开始后遭批斗、迫害，于1967年底被逼得卧轨自杀。在内蒙古自治区计委工作的长女刘爱琴，受到批斗毒打，长期关在“牛棚”里不准回家。次子刘允若原是七机部一院技术员，1967年初被江青点名后被捕入狱；他在狱中得了多种疾病，1974年获释，1977年病情复发去世。

一直同刘少奇、王光美生活在一起的四个年龄较小的孩子，受到了直接的牵连。1967年9月12日，四个孩子都被赶出家门。三个正在上中学的孩子到各自的学校住校接受批判，当时他们的年龄分别为17岁、15岁、14岁。还有一个最小的女儿小小（潇潇）只有6岁，这一天也由保姆带着离开了家。对此，有关部门的《刘邓陶情况反映》记载道："已于今日（12日）上午将刘的三个孩子，分别送到他们学校去住校，并派人同学校军训负责人提出了注意事项。下午，又让刘的最小一个孩子和保姆搬出中南海，住到机关宿舍。"

9月20日，被强制住校的三个孩子给警卫局写了一封信，叙述他们的困难处境：

敬爱的局党委：

我们搬到学校已经几天了，现在把我们的一些困难向局党委汇报一下。

现在学校里没什么事，许多同学又练队，下午就没什么人了。一个人在学校闷得很，每逢节假（比如星期六、天或十一等）尤其是以后较长的假期，同学们都回家了，我们一个人在学校怎么办？而且我们三个人分三个地，平时碰不到面，有许多事不好办。比如我们在学校，东西都分散了。源源住在学校教室，门上没锁，我们箱子也没法安锁，东西不保险。同时三个人三个小箱子，东西放不下。许多东西根本拿不出来，就是拿出来也不好放在学校。再说我们的生活也极不好安排，生活水平也没法掌握，非常不好计划，也很浪费。比如某些生活用品，家里因有小小也不能拿出来，可我们本来一份就够用，又得买三份，所以非常不方便。有的学校宿舍玻璃都打碎了，学校不管安，刮风下雨冷得很。同时学校今年冬天根本不生火，学校动员回家住，我们没有家怎么办？困难大概就这些，详细情况已向李太和同志讲了。希望能给我们一套房子。请局党委考虑我们的意见。（我们希望十一国庆能让我们回家看一次电视，别的我们什么也不干。我们要见毛主席！！！）

此致

无产阶级文化大革命战斗敬礼！

刘平平、刘源源、刘亭亭

孩子们的要求被置之不理。三个孩子没有料到，比起他们后来的遭遇，住校那一段的困难实在算不了什么。

被赶出家门以后，刘平平又多次被江青、陈伯达、康生、张春桥等人在大会小会上点名。1968年3月遭拘留，在监狱里关了15个月，接着又被转到北苑“黑帮子女学习班”，劳改了半年。1969年11月她被送到山东一个马场劳动，明令不许回北京。刘源源在学校里受到造反派批斗审查，1968年12月，被抓进公安局，后转到山西雁北地区农村看管劳动。1969年年底，他昼伏夜行三天三夜逃回北京。因在北京无处安身，他和几个“黑帮”子女潜往上海，1970年3月在上海被捕，押解到南京坐了两个月牢，释放后又押回农村劳动。刘亭亭长期一人住校，曾在大会上检查，1970年4月下放到顺义县一个工厂劳动。一直到1972年8月，经毛泽东批示，四个孩子才获准第一次去探监，在狱中见到了他们的母亲。

在因刘少奇问题受到株连的人中，还包括他身边的工作人员和一些无辜的群众。这里举一个例子。

江青1968年3月13日在八个专案组会上捕风捉影地说：“刘少奇、王光美的大师傅和保姆，不要把他们看成是小人物。这个大师傅可不简单，在励志社受过训，给蒋介石做过饭。”江青所说的“大师傅”，就是长期为刘少奇做饭的炊事员郝苗。郝苗原是北京饭店的厨师，1950年被中南海管理后勤的部门抽调出来，分配到刘少奇处当厨师，从此在刘少奇身边连续工作了将近18年。1967年5月，刘少奇的两个孩子刘平平、刘源源想外出串连，向平时为刘少奇一家管理伙食费和粮票的郝苗要一些钱和粮票，郝苗给了他们。这件小事被说成是为刘少奇的子女策划外逃，经江青批示，于6月8日深夜将郝苗秘密逮捕。在没有任何证据的情况下，郝苗一直被关在狱中。由于后来实在查不出什么问题，1969年10月16日，“刘少奇、王光美专案组”在《重点审查对象表》中，在“郝苗”的名下写道：“职业：厨师；关押地点：秦城监狱；关押原因：怀疑他是励志社社员，给蒋介石做过饭，怀疑他与王光美有特务关系，刘平平企图外逃是他策划的。经查：郝苗不是励志社社员，没有给蒋介石做过饭，平平是说谎从郝苗处骗取粮票。但郝中毒很深，为刘、王的罪行辩解，建议开除党籍，开除公职，回乡由群众管制劳动。”粉碎“四人帮”以后，郝苗才得到平反。

江青所说的保姆，指的是当时在北京崇文区南里街道托儿所当保育员的孙淑珍。她的情况我们在前面已经作过介绍。

因牵涉刘少奇专案而直接被专案组关押受审的有60多人，这些人差不多都是以“特嫌”“假党员”“知情人”等莫须有的罪名被抓起来的。

除了上面所说的因刘少奇案受到直接株连的人外，间接受到株连的人不计其数。“文化大革命”中，刘少奇被诬为“反革命修正主义路线的代表”“反革命修正主义集团的总头目”“资产阶级司令部的司令”“党内最大的走资本主义道路的当权派”，按照这种荒谬逻辑的推理，势必有相当多的人要成为这一“路线”“集团”“司令部”的成员，从而使为数众多的领导干部和各阶层群众受到株连。因此，随着刘少奇的被打倒，一大批领导干部作为“刘少奇的代理人”“走资派”“黑干将”“黑爪牙”也跟着被打倒。在知识分子中，许多专家、教授和民主人士成了“刘少奇修正主义路线的社会基础”，受到冲击、批斗。在共产党员和普通群众中，有大量的人被指责为“刘修党员”“刘少奇的孝子贤孙”“修正主义苗子”，受到批判、打击，不少人被迫害致残致死。全国劳动模范、北京市掏粪工人时传祥，因为在中央领导同志接见时同刘少奇握过手、谈过话，而受到株连、被迫害致死，就是其中的一个典型例子。

6　干部群众的抵制和斗争

在“文化大革命”中，党和国家的政治生活处于不正常状态，集体领导原则和民主集中制受到破坏，使林彪、江青一伙得以利用手中日益扩大的权力，极力镇压异己，强制推行他们“左”的一套。在刘少奇问题上，他们制造了强大的政治压力，根本不允许人们有不同意见。在群众中，谁要是对打倒刘少奇提出异议，轻则批判斗争，重者打成反革命分子，关押判刑甚至处死。

尽管如此，全党全国上下，从高级干部、著名人士到普通干部群众，有许多人对刘少奇受到的不公正对待不理解、不服气，用各种方式进行抵制和斗争。大部分人心里不满，但不能表达出来，敢怒而不敢言。也有不少人勇敢地站出来，公开为刘少奇鸣不平。这种情况，在“文化大革命”的整个过程中频频发生，几乎没有中断过。由于资料等原因，这方面的情形，现在还无法作出全面的评价，这里也只能是举几个例子。

批判和打倒刘少奇，首先在高级干部中引起震动和不服。

中共中央委员、全国总工会副主席陈少敏一直对刘少奇所受的不公正对待深表同情。在中共八届十一中全会的后期，刘少奇处于受批判的地位。陈少敏不顾会上的紧张气氛，在一次小组会休息时，有意走到刘少奇身边说：“少奇同志，有时间我要向您汇报女工工作问题。”刘少奇马上领会了这位老大姐的好意，抬头看了一下周围的代表说：“错误与同志们无关，我一个人负责，请大家放心。”1968年10月，在中共八届十二中全会上，陈少敏不畏高压，对处理刘少奇的决议拒不表示同意。

在中共八届十一中全会上新当选政治局常委的陶铸，对江青一伙策动的“打倒刘少奇、邓小平”的恶浪进行了有力的抵制。在1966年国庆报道中，陶铸坚持安排刊登刘少奇、邓小平的照片。1966年11月，当中组部机关贴刘少奇大字报时，陶铸予以制止，说：“不能把刘少奇同志叫作敌人，不能喊打倒”，“打倒刘少奇的大字报贴在天安门，是学生贴的，要问我，我是不同意的。”12月28日，他在中宣部又说：“刘、邓还是中央常委，还是人民内部矛盾，我们不能说其是走资本主义道路当权派。”陶铸的抵制激怒了林彪、江青一伙，他们于1966年底采取突然袭击的卑劣手段，将陶铸诬为“中国最大的保皇派”而打倒。

这里要特别提到周恩来对刘少奇的同情和尽可能的保护。1966年八届十一中全会后，在林彪、江青一伙的背后策动下，社会上一再掀起“打倒刘少奇”的狂潮。周恩来多次亲自出面制止。

1966年10月，清华大学的红卫兵几次要王光美到该校接受批判，都被周恩来拒绝。10月12日，清华大学红卫兵再次要求当面批判王光美，“中央文革”阴险地把问题推给周恩来表态。周恩来又一次顶住，在报告上批道：“即转文革小组办公室转报伯达、康生、江青、任重、志坚、春桥各同志：我准备派人去录音，带回给王光美同志，而不是要她去参加会议。你们意见如何，请告。”10月19日，他在国务院会议室接见哈尔滨工业大学学生时说："即使少奇同志有错误，我现在也没有权力回答你们。你们把少奇同志的大字报贴到天安门，你们要考虑考虑。少奇同志是政治局常委、国家元首。大字报贴到天安门，外国人就会怀疑我们是发动群众制造舆论。少奇同志不是普通党员、也不是普通的领导，就是要撤换也不需要去发动群众嘛！"

12月31日晚，周恩来在同清华大学学生座谈时强调说："你们的要求我曾两次请示过主席，主席不同意王光美回清华。""你们不要把打倒刘少奇的口号贴到天安门上。"学生问："难道刘少奇不是敌我矛盾吗？"周恩来回答说："你们可以这样认为，但我不是这样看的，你不能把看法强加于我呀！"1967年1月6日，造反派在江青的支持下，把刘少奇、王光美骗出中南海。周恩来闻讯后，立即派警卫人员保护刘少奇返回中南海，并连夜派人把王光美从造反派手中接了回来。

进入1967年以后，"打倒刘少奇"的鼓噪已是甚嚣尘上。据王光美回忆，1967年1月16日深夜12点以后，周恩来给王光美打电话说："光美呀，要经得起考验。"据刘少奇的机要秘书回忆，1967年1月的一天，刘少奇要秘书给周恩来送去一封信。信中说："总理：我看了中南海的一些大字报，我感到很不安。这里是中央所在地，很不严肃。我现在的处境很困难，已经没有说话的权利了，他们已经把我当作敌人了，怎么办？"第二天就收到了周恩来的回信："少奇同志：要克制自己，好好休息，你提出的问题，我已报告了毛主席。此致敬礼！周恩来。"

1967年4月10日，清华大学召开批判王光美大会。这时周恩来虽已无力阻止这一行动，但仍尽可能采取了各种保护措施。他指示有关负责人，一定要保证王光美的人身安全，会场要保证不能出问题，会后要保证把王光美送回来。为此，他指示动用北京卫戍区部队和中央警卫部队，到现场维持秩序。为防止造反派不守信用扣留王光美，周恩来还派一位秘书自始至终跟着，一直到保护王光美安全返回中南海。

1967年七八月间，造反派在中南海四周安营扎寨组织所谓“揪刘火线”，扬言要把刘少奇揪出中南海。这时毛泽东已南下视察，林彪、江青等人或者本来就不在中南海居住，或者见势不妙搬了出去，中央主要领导人中只有周恩来还住在里面。刘少奇的住处还在中南海深处，周恩来居住的西花厅正好挨着西侧围墙。围墙外几十万造反大军，几百个高音喇叭日夜喧嚣，吵得周恩来不得安宁。但他坚决留在中南海不走，并且多次到各个门口做“退兵”工作，这才避免了一场冲击中南海的恶性事故。

“文化大革命”中，周恩来的处境十分艰难，几次险遭不测。在刘少奇问题上他能做到这一步已是难能可贵。

刘少奇的遭遇也引起了许多同共产党长期亲密合作的著名人士的同情和关切。这里我们只介绍一下宋庆龄和章士钊。

宋庆龄和刘少奇一直互相敬重。在1954年召开的第一届全国人民代表大会上，刘少奇当选为全国人大常委会委员长，宋庆龄当选为副委员长；在1959年、1964年举行的第二、三届全国人民代表大会上，刘少奇当选为中华人民共和国主席，宋庆龄当选为副主席。他们在工作中配合得很好。1966年底，“打倒刘少奇”的舆论和行动已经遍及全国。在这种情况下，宋庆龄仍给刘少奇送去一本新出版的《宋庆龄选集》，并在书的扉页上题写了“敬爱的刘主席、王光美同志”的赠语。她还气愤地对罗叔章说：“对刘少奇这样的老革命家怎么可以这样对待呢！”

处于宋庆龄这样的地位，她不便直接向刘少奇表示同情。于是她就给刘少奇的孩子们写信，鼓励他们努力学习，还给孩子们送去笔记本和糖果。

知名人士章士钊，当时任全国人大常委会委员、中央文史研究馆馆长。他对“文化大革命”开始后的动乱局面和“打倒刘少奇”的做法深感忧虑。①1967年3月初，章士钊对他的女儿章含之说：“这个运动再搞下去，国家要完了。不能打倒刘少奇！这些家伙（指江青一伙）要把中国毁掉。”“我要给毛主席写信，请他制止打倒刘少奇。毛刘分裂就会使国家分裂。”大约在3月6日左右，他给毛泽东写了一封信。信中说：“自新中国成立之后，国家兴旺发达，全都仰仗共产党之英明领导，而毛、刘团结乃共产党领导核心坚强的保证；假若刘少奇同志确实犯了错误，望毛、刘两位领导人能赤诚相待，好好谈谈，刘可做检讨，但切不可打倒刘少奇。”

接着，章士钊又给刘少奇写了一封长信，说社会上攻击刘少奇的所谓十大罪状等等，是黑白颠倒、别有用心，可以置之不理，但为了党的事业，建议刘少奇主动检讨，同毛泽东恢复团结，以利国家。章士钊的信实属难得，特全文照录如下：

少公主席座右

缅维六四年春节元日润公开教育会议于上海，公与钊均列席时，润公缕述北大积弊，心长语重，响彻殿廊。未意言者谆谆听者藐藐，不三、四年，教育体系全体鱼烂而亡，致有今日。回忆前尘，应共扼腕。

① 以下有关章士钊的内容取材于章含之：《我与父亲章士钊》，《文汇月刊》1988年第4期。

文化大革命爆发以来，时不过六七月，暴力所至，摧枯拉朽，几于无远不届，无高不达。驯至近日集中力量与公为难。顾细绎 润公历次工作会议谈话意旨类无不于 公优加顾惜，有增无已。如曰 少奇同志有责任，我亦有责任；又曰对少奇同志不能一笔抹煞；又曰错了，说明白，改过来就行，我无意推翻任何人。如此等等，都是惩前毖后，治病救人之公心亮质，与天下人以共见。尝论人之欲善，谁不如我；宇宙之大，又何所不容。昔苏子瞻与程正辅游香积寺，诗云灵苗与毒草，疑似在毫发。钊观近日广众宣布公之十大罪状，若而无产阶级路线，若而资本主义路线，疑似之间易滑而进者往往易滑而退，二者殆不难东西忽而换位，黑白骤尔变色。尤可怪者 公所著《论共产党员的修养》一书曾说到有人不懂马列主义而特装模作样，自封为领袖以家长式在党内发号施令云云。此一望而知为指摘陈独秀一流人，然读者谓是谩骂 润公。夫欲加之罪，何患无辞，斯殆别有用心，应置之不论不议之列。窃以共产党起家不易，由草创以至统一全国，前后四十余年之久。两公皆始终其事，相与勠力拼命以底于成，此何等珍贵友谊，岂可等闲视之。以钊揣知 公于 润公微论学术即以里闬与年事；论风义原是师友相兼。加以亲随有年，不断耳提面命，即自安部曲而有所尊奉，亦属谊所当然。今外间之所龁龁 公者，姑不论是非虚实如何，而 公应执持百鸟不噪空窝之确信，取法廉颇向蔺相如肉袒负荆之诚意，亲诣 润公之门，长跽谢罪，举一切谰言毁语自矢。有则改之，无则加勉，向后在 润公统一指挥之下，共同施行无产阶级路线，期于一流而无间，倾怀自誓毫无保留。须知人非圣贤，孰不有过。过而能改，善莫大焉。钊敢信，润公乐于 公之有此一举。立以 公之诚恳转达群众，于是约期开一恳亲大会，两公同时出席，相与化豺狼于玉帛，易戟指为交心；由是自 公而下层累蔓延之各项纠纷均相次而得到解决，岂不大快，岂不大快！虽曰今之无产与资产两条路线之剧争不比于赵国之两虎共斗，有妨国家之急，独美帝与各国反动派正悻悻同以中国为敌，而共产党解放世界之大任复以各被压迫民族兴起缓慢，吾囿于以一服八之艰苦形势难于一鼓骤成，实不宜于国内延长动扰，阻吾进路。曩朱时元与彭宠书凡事毋为亲爱者所痛而见仇者所快。吾为此惧深有感于斯言。窃惟 润公之用心无过犯错误者皆得所改正，仍依岗位而各有贡于国，以符合于人口百分之九十五以上之大团结，以康而国，以崇而民已耳。此由表面窥测似甚难，由间道锲入则甚易。语云解铃还是系铃人，此一易于反掌之转移形象，两公实在握焉。惟公先图，利之国家。幸甚。

专肃顺致

政绥

章士钊谨启

章士钊不了解，这时林彪、江青一伙已经加快了诬陷迫害刘少奇的步伐，毛泽东也改变了态度。他的信刘少奇连看也没有看到。

3月10日，毛泽东给章士钊回了一封信：

行严先生：

惠书敬悉。为大局计，彼此心同。个别人情况复杂，一时尚难肯定，尊计似宜缓刑。敬问安吉！

毛泽东

三月十日

过了一段时间，毛泽东又派人把专案组整理的有关刘少奇的材料送给章士钊阅读。据章含之回忆，章士钊看过之后，一连几天情绪低沉，说："刘少奇同志的这些'罪状'，纯系蓄意置他于死地。"他为自己无力改变这种局面而深深叹息。

人民群众中为刘少奇鸣不平的事例不胜枚举。"文化大革命"中，因刘少奇问题株连而受到种种不公正对待的人成千上万，他们当中几乎每个人都有一段生动的事迹。

在顽强不屈地抵制"文化大革命"，为刘少奇鸣不平的人当中，女共产党员张志新是一个杰出的代表。

张志新是中共辽宁省委宣传部的宣传干事。"文化大革命"中，她勇敢地站出来，公开反对林彪、江青一伙"否定一切、打倒一切"的极左路线，为刘少奇辩护。她因此被打成反革命，于1969年9月被捕入狱。

在批斗会上，在狱中，张志新一再公开为刘少奇辩护，说刘少奇是无产阶级革命家，认为他不可能是"叛徒""特务""反革命"。她为此受到残酷的批斗虐待和刑讯拷打，但她不畏强暴，始终坚持自己的观点，至死未变。

对于将刘少奇打成"叛徒、内奸、工贼"的《审查报告》，张志新从根本上表示不相信、不承认。她在给组织的材料中写道：“所谓刘少奇的‘叛徒、内奸、工贼’问题，早在中央审查定案之前，在江青的一次讲话中就明确肯定地指出了，同时还点了王光美的名，说王是特务。从党和国家角度看，这一案件可谓不小，是国家的特案，党内的特案、大案。在通常情况下，按照党和国家的纪律原则，在未经审查批准定案前，是不允许某个人随便公布的，这会对整个案件不利的。但事实上却与此相反，江青迫不及待地早在定案批准前就公布于众，这是什么原则呢？”接着，张志新逐一驳斥了《审查报告》中对刘少奇的指控。例如关于满洲省委的问题她写道：“看了中央决议文件，其中有一段是在满洲省委期间的问题。这段问题的专案小组成员曾经谈过一个情况，说这段工作中刘少奇叛变投敌问题，找到了原来的当事人，但此人一直不愿出证，后来听江青讲了话，说刘少奇、王光美是特务后，才出证。究竟真实性、可靠性有多大？专案组的工作是在什么情况下进行的？由这样的证据、调查材料所作出的结论和定案处理，能是实事求是的吗？能如实反映历史的真实吗？”最后她针锋相对地指出：“根据这样的审查报告作出的对刘少奇问题的决议，我是有疑问、有保留的，是不信服的。”

张志新的言行触怒了林彪、江青集团及其追随者。他们将她定为罪大恶极、死不改悔的反革命分子。1975年4月4日，张志新被杀害。临处决前，为了不让张志新呼喊口号，他们竟残忍地割断了她的喉管。

除张志新外，全国各地还站出了许多不怕杀头坐牢、为刘少奇鸣不平的普通群众。如湖南省醴陵县红旗陶器厂会计汤玲英，1968年6月3日在厂里贴出大字报，用大量事实说明建国17

年来所取得的成就，批驳“否定一切、打倒一切”的“左”的一套。她公开说：“谁反对刘、邓、陶，我就坚决反对谁！”汤玲英因此被审查。在批斗会上和书面“交待”中，她又说：“我认为刘邓陶不是叛徒。”8月，汤玲英被定为现行反革命分子，判处有期徒刑20年。在服刑劳改期间，她始终没有屈服，仍然坚持“刘少奇是无产阶级革命家”的观点。1970年3月，她因“死不改悔”而被判处死刑，惨遭杀害。又如上海复兴中学教师朱正忠，在“文化大革命”中公开反对“打倒刘少奇”的做法，坚持认为刘少奇是好人，是优秀共产党员。他在被捕后回答审讯时说：“我对报纸上所公开揭露的有关刘少奇的所谓罪状，一概予以否定，并且替他逐条辩护。我始终认定，少奇同志是位好党员，是全体优秀党员的真正代表。”这位教师也被处以死刑。

尽管各种舆论工具把刘少奇是“叛徒、内奸、工贼”的定论宣传得家喻户晓，但为刘少奇鸣不平的群众仍不断涌现。1974年10月，长春市第一光学仪器厂年仅26岁的青年工人史云峰，不畏当时“四人帮”横行的高压，用散发传单、张贴标语的方式，勇敢地站出来为刘少奇申辩。他大声疾呼：“刘少奇主席是我党的优秀革命家，优秀理论建设者”，“《论共产党员的修养》是部好书”，“必须给刘少奇同志及其他中央马列主义领导同志恢复名誉！”“广大干部、党员、工人怀念刘主席！”他还提出，“61人叛徒集团”是不能成立的，“二月逆流”也是没有的事，建议“全面审查文化大革命中的错误”，高呼“沿着中共‘八大’路线前进！马列主义万岁！”

史云峰的行动被当作反革命活动，于1974年12月24日深夜被秘密逮捕。在狱中，史云峰尽管备受摧残，但始终威武不屈，他因此竟在“四人帮”粉碎以后的1976年12月1日被判处死刑，12月19日惨遭杀害。1980年3月24日，吉林省长春市为史云峰彻底平反，并追认其为中共党员和革命烈士。

除了公开为刘少奇鸣不平以外，许多群众冒着危险保存刘少奇的画像、照片、著作和纪念匾等实物，其中有的是在造反派查抄时抢救下来的。还有些干部和朴实的老百姓向刘少奇的子女表示同情和支持，有的共产党员教育自己的后代不要忘记刘少奇的功绩，等等。

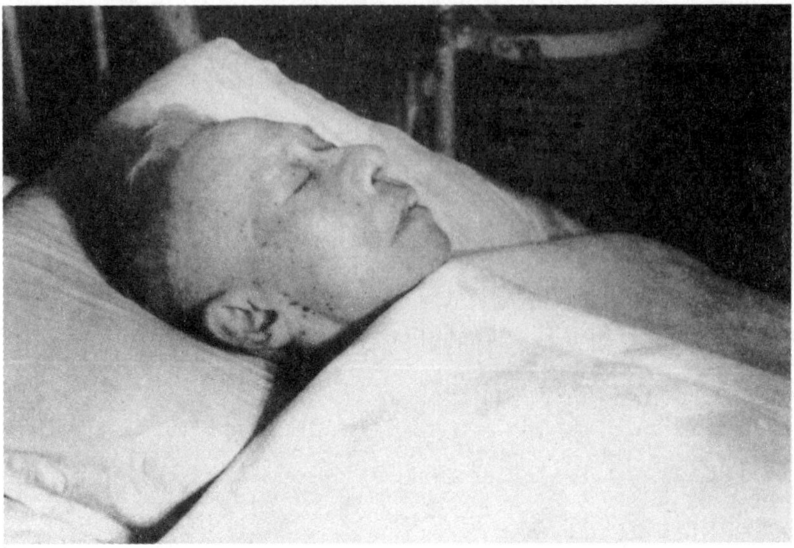

1969年11月12日，
刘少奇在河南开封逝世。

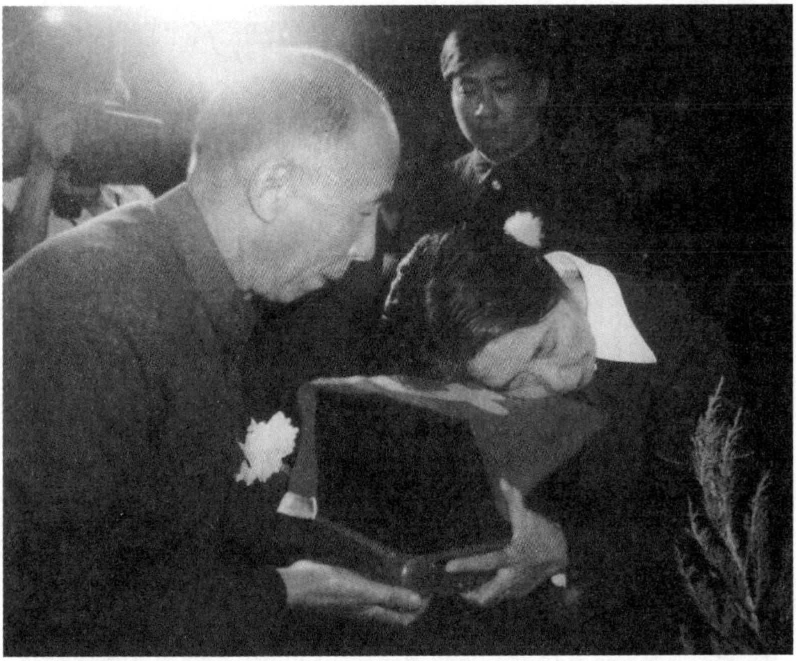

1980年5月14日，河南省长刘杰将刘少奇的骨灰盒送交给王光美。

五 平反

1 中共中央决定复查刘少奇案

2 平反昭雪

举世瞩目的刘少奇冤案，在经历了十多年的风风雨雨、大起大落之后，终于得到了完满的解决。历史的发展雄辩地证实了刘少奇的坚定信念：「好在历史是人民写的！」

1　中共中央决定复查刘少奇案

1978年12月，召开了中共十一届三中全会。这是建国以来党的历史上具有深远意义的伟大转折。全会开始全面地、认真地纠正“文化大革命”中和以前的“左”倾错误，并审查和解决了党的历史上一批重大冤假错案和一些重要领导人的功过是非问题。从此，党掌握了拨乱反正的主动权，开始有步骤地解决建国以来的许多历史遗留问题。

党内外的许多人对刘少奇一案早就表示怀疑和不满。“四人帮”垮台后，这种情绪更加强烈。很多干部、群众向中共中央建议，对刘少奇一案进行复查。中国革命博物馆曾经展出过其中的一部分人民来信。但在十一届三中全会以前，由于当时的中央主要负责人坚持“两个凡是”错误方针，继续肯定“文化大革命”，复查刘少奇案的要求得不到考虑。

在中共十一届三中全会以及会前举行的中央工作会议上，中共中央副主席陈云、邓小平等坚持实事求是的思想路线，率先提出要解决“文化大革命”中遗留的重大问题和一些重要领导人的功过是非问题。全会当即纠正了过去对彭德怀、陶铸、薄一波、杨尚昆等所作的错误结论。随后不久，在一批老革命家的努力下，为刘少奇一案进行复查的工作也提到了中央的议事日程上。

据戴煌著《胡耀邦与平反冤假错案》披露：1978年11月，中央组织部刚刚向中央写出《关于“六十一人案件”的调查报告》。一天，当时任中组部部长的胡耀邦就问干审局副局长贾素萍：“‘六十一人’的问题终于搞清了，你们认为刘少奇的问题怎么样？”贾素萍立即回答说：“这更纯粹是个大冤案！”胡耀邦说：“那好，你们写个材料来，我看看。”两个月后，贾素萍等人给胡耀邦（这时已任中共中央秘书长、中纪委第三书记）送去《关于刘少奇同志问题的调查报告》。胡耀邦将这份报告转报中共中央。

1978年12月24日，邓小平对一封要求为刘少奇平反的人民来信批示：“政治局各同志阅，中组部研究。”在这之前类似的信件也有，但得不到重视。邓小平的这一批示，把重新考虑刘少奇案的问题提到了中共中央政治局。

1979年2月5日，党内的一位高级干部、原交通部长孙大光致信中共中央政治局委员、中央秘书长胡耀邦并党中央，建议重新审议刘少奇一案。这封信经胡耀邦、姚依林（当时任中共中央副秘书长）商议后，正式转报中央主席华国锋和副主席叶剑英、邓小平、李先念、陈云、汪东兴。2月23日，陈云作了一个关键性的批示：“中央常委各同志已传阅完毕，中央办公厅应正式通知中组部、中纪委合作查清刘少奇一案。”这期间，邓小平也指示中共中央纪律检查委员会对刘少奇一案的处理问题进行研究。据1979年2月22日的中央纪委书记办公会议纪要记载：“中纪委办公会议决议：刘少奇问题，群众来信要求予以平反，小平同志要中央纪委研究。这两人的问题（按：另一人指瞿秋白）如何研究，另定。”

1979年3月27日，中央纪委办公会议研究决定：“刘少奇的问题，经鹤寿同志与任重同志商量，按陈云同志的意见，由中央组织部和中央纪委共同处理。”5月22日，中央纪委办公会议确定：“对刘少奇案件的有关材料（包括档案和活的材料）应进一步查证、核实。弄清关键问题，究竟是不是叛徒、内奸、工贼，在复查、核实的基础上，要取得切实可靠的旁证材料。”

在这前后，由中央纪委和中央组织部从一些单位抽调干部，组成“刘少奇案件复查组”，开始进行具体的复查工作。

复查组经过几个月的调查研究工作，取得了大量的、确凿的证据，逐一否定了原《关于叛徒、内奸、工贼刘少奇罪行的审查报告》中强加给刘少奇的罪名。

（1）所谓1925年在长沙“被捕叛变”问题。刘少奇1925年11月因病重从上海回湖南养病，在长沙曾被戒严司令部逮捕，后经多方营救获释，由湖南转去广州工作。在此过程中根本不存在“私自从上海潜逃长沙”和投敌叛变的问题。

（2）所谓1927年在武汉和庐山进行“内奸活动”问题。刘少奇在大革命时期的1927年担任湖北省总工会秘书长，在领导工人运动中起了重要作用。所谓“为日寇保镖”是将当时见报的文告词句硬拼凑起来的罪名，纯系颠倒是非、蓄意歪曲历史。所谓“担任国民党中央工人运动小组长”，仅凭一个人在逼供情况下编造的“交待”定论，事实上这一组织机构根本不存在。大革命失败后，将工会干部疏散、转移是完全正确的必要措施，把它说成是“破坏革命的内奸活动”是荒谬的。武汉工人纠察队缴枪，是执行党中央的决定。刘少奇在武汉期间并未被捕，所谓“苦肉计”根本不存在。党中央是知道刘少奇从武汉去庐山养病的，所以，所谓“躲往庐山”也根本不能成立。

（3）所谓1929年在沈阳被捕叛变问题。刘少奇于1929年8月在沈阳奉天纱厂的一次工潮中被捕后，没有暴露政治身份，没有损害党的组织和党的事业，半个多月后因证据不足取保释放，继续从事党的领导工作，根本不存在投敌叛变问题。

（4）所谓“其他反革命罪行”中列举的七个问题，也都不能成立。①所谓指使薄一波、刘澜涛、安子文等61人“叛变出狱”的问题，已由中共中央否定。②1936年初刘少奇派人同南京国民党代表谈判联合抗日，是根据党中央的统一部署进行的，根本不是什么同蒋介石勾结。③1941年新四军派冯少白进入敌占区进行分化、瓦解敌人的工作，也是根据党中央的指示进行的，不存在“与汉奸陈公博、周佛海勾结”的问题。④“和平民主新阶段”是抗日战争胜利后一段时间内中共中央对形势的估计和提法，并非刘少奇个人的看法。⑤所谓通过孟用潜同司徒雷登勾结，并无其事。⑥所谓“同美特王光美结合”，是妄加的罪名，王光美的政治历史没有问题。⑦所谓派王光琦去香港向美帝提供情报，根本没有这回事，纯属政治陷害。

（5）所谓“坚持走资本主义道路”问题，是对历史的严重歪曲。刘少奇作为中国共产党的主要领导人之一，对社会主义革命和社会主义建设作出了重大贡献。根本不存在一条以刘少奇为代表的“反革命修正主义路线”，不存在一个以刘少奇为“总头目”的“反革命修正主义集团”，不存在一个以刘少奇为首的“资产阶级司令部”，不存在一批以刘少奇为“最大”的“党内走资本主义道路当权派”。

1979年11月，“刘少奇案件复查组”正式向中央作出了

《关于刘少奇案件的复查情况报告》。12月，邓小平、陈云、邓颖超、胡耀邦等审阅复查报告后表示同意。邓小平并提议，可考虑将这一报告作为中央对刘少奇案件的平反决定。1980年2月初，中共中央政治局讨论并同意《关于为刘少奇同志平反的决议》（草案），决定提交即将召开的中共十一届五中全会审议。

2　平反昭雪

1980年2月23日至29日，中共十一届五中全会在北京举行。2月29日，全会通过了《关于为刘少奇同志平反的决议》（全文附后）。中共十一届五中全会的《公报》指出："为刘少奇同志平反昭雪，是五中全会的另一项主要议程。全会认为，前中共中央副主席、中华人民共和国主席、伟大的马克思主义者和无产阶级革命家刘少奇同志，几十年来一贯忠于党和人民，把毕生精力献给了无产阶级革命事业，在我国新民主主义革命、社会主义革命和社会主义建设中，建立了不可磨灭的功绩。文化大革命前夕，由于对党内和国内形势作了违反实际的估计，提出了党内存在一条反革命修正主义路线，随后又提出了存在一个以刘少奇同志为首的所谓资产阶级司令部，这些论断是完全错误和不能成立的。林彪、'四人帮'一伙出于篡夺党和国家最高领导权、颠覆无产阶级专政的反革命目的，利用这种情况，捏造材料，蓄意对刘少奇同志进行政治陷害和人身迫害，并把一大批党政军领导干部诬为刘少奇的代理人，统统打倒，造成了极其严重的后果。这是我党历史上最大的冤案，必须彻底平反。近一年来，中央纪律检查委员会针对一九六八年十月党的八届十二中全会提出的刘少奇同志的各项'罪状'，进行了周密的调查研究工作，反复核对材料，向中央作出了详尽确切的审查报告。中央政治局一致同意这个审查报告，据此作出了《关于为刘少奇同志平反的决议（草案）》。全会经过严肃认真的讨论，一致通过这个决议，决定撤销党的八届十二中全会强加给刘少奇同志的‘叛徒、内奸、工贼’的罪名和把刘少奇同志‘永远开除出党，撤销其党内外的一切职务’的错误决议，撤销原审查报告，恢复刘少奇同志作为伟大的马克思主义者和无产阶级革命家、党和国家主要领导人之一的名誉；在适当时间为刘少奇同志举行追悼会；因刘少奇同志问题受株连造成的冤假错案，由有关部门予以平反；本着团结一致向前看的精神，把全会的决议向全党和全国人民进行传达，消除过去对刘少奇同志的错误处理所造成的影响，鼓舞全党同志和全国人民同心同德、充满信心地献身于实现四个现代化的宏伟事业。”

为刘少奇平反昭雪的工作通过各种方式有计划有步骤地进行。

1980年3月19日，中共中央发出《关于认真传达好为刘少奇同志平反的决议的通知》，指出：“刘少奇同志是我们党和国家享有崇高威望的主要领导人之一，是久经考验的无产阶级革命家，是伟大的马克思主义者，说他是修正主义分子或修正主义路线头子是不符合实际的；‘文化大革命’中强加给刘少奇同志的‘叛徒、内奸、工贼’等项罪名，完全是林彪、江青、康生、陈伯达一伙在当时党内政治生活极不正常的情况下，蓄意制造的我党历史上的最大冤案；为刘少奇同志平反昭雪，是经过周密的调查研究，反复核对材料，而得出的完全符合历史事实的正确结论，决议和附件所列举的大量证据，证明过去强加给刘少奇同志的罪名完全是诬陷不实之词，必须推倒。”

1980年5月13日，刘少奇治丧委员会派中共中央委员、全国政协副主席王首道、刘澜涛和刘少奇的夫人王光美及其子女们，去河南省郑州市迎取刘少奇的骨灰。1969年11月12日，刘少奇在开封逝世后，他的骨灰被化名寄存在开封火葬场。1979年2月，中共河南省委获悉此事后，派人到开封火葬场查到了刘少奇的骨灰盒，并把它接到省委保存。1980年5月14日，在郑州市人民会堂举行了隆重的刘少奇骨灰迎送仪式。下午，刘少奇的骨灰用专机运到北京，存放在人民大会堂。

5月15日，由中共中央、全国人大、全国政协、中国人民解放军负责人以及各方面代表人士组成的刘少奇治丧委员会发出公告：“为深切悼念已故中共中央副主席、中华人民共和国主席刘少奇同志，定于：1980年5月17日在北京举行追悼大会。同日，首都天安门，新华门，外交部，中央、国家机关，我国驻外使领馆和其他驻外机构，北京市和其他省、市、自治区政府所在地的机关、部队、企业事业、学校等单位，下半旗志哀，停止娱乐活动一天。”

5月17日下午，党和国家领导人以及首都各方面代表一万多人，参加了在北京人民大会堂举行的刘少奇追悼大会。邓小平在大会上致悼词。悼词全文如下：

今天，我们怀着无比沉痛的心情，悼念伟大的马克思主义者和无产阶级革命家刘少奇同志。刘少奇同志为共产主义事业战斗了一生。他是受到全党和全国各族人民爱戴的、久经考验的、卓越的党和国家领导人。

“文化大革命”时期，林彪、江青一伙出于阴谋篡党夺权的反革命目的，利用我们党的缺点和错误，蓄意诬陷和残酷迫害刘少奇同志。一九六九年十一月二十日，刘少奇同志在河南开封不幸病故。这是我党和我国人民巨大的损失。党中央经过周密的调查研究，根据确凿的证据，在党的十一届五中全会上，彻底推倒了强加在刘少奇同志身上的种种罪名，郑重地为他平反昭雪，恢复名誉。我们党采取的这种实事求是、有错必纠的原则立场，受到了全党全军全国各族人民的衷心拥护。

刘少奇同志是中国共产党最早的党员之一。他于一八九八年生于湖南省宁乡县，青年时代参加了“五四”运动，一九二〇年加入社会主义青年团，一九二一年加入刚刚创立的中国共产党。一九二二年到一九三二年，主要从事工人运动和党的地下工作。他先后参加领导过安源煤矿和铁路工人大罢工、五卅大罢工、省港大罢工及武汉工人夺回英租界的英勇斗争。一九二七年四月，在中国共产党第五次代表大会上，当选为中央委员。大革命失败后，他在严重的白色恐怖下，到上海、天津、东北、华北等地，从事党的地下工作，参加了顺直省委（即河北省委）的领导，担任过满洲省委书记。一九三一年一月，在党的六届四中全会上，当选为中央政治局委员。同年秋，担任党中央职工部部长、全国总工会党团书记。

一九三二年冬，刘少奇同志进入江西中央革命根据地，先后担任全国总工会委员长和福建省委书记。他参加了二万五千里长征，担任过红军第八军团、第五军团党中央代表和第三军团政治部主任。一九三五年一月，在决定中国革命命运的遵义会议上，刘少奇同志坚定地支持了毛泽东同志所代表的正确路线。

一九三六年春，刘少奇同志任北方局书记，在华北地区正确地执行了党的抗日民族统一战线政策，巩固和发展了党所领导的“一二·九”运动的胜利成果。抗日战争初期，他深入敌后，按照党中央和毛泽东同志提出的开展独立自主的敌后游击战争的战略方针，放手发动群众，开展抗日救亡运动，卓有成效地领导了山西抗日新军和华北抗日根据地的创建工作。一九三八年冬，刘少奇同志南下担任中原局书记，组织和建立华中抗日根据地。一九四一年皖南事变后，他临危受命，任新四军政治委员，同年五月任华中局书记，同陈毅同志等一起，迅速改变了新四军的困难处境，恢复和壮大了华中地区的革命力量。

刘少奇同志长期以来，是我党的主要领导人之一，一九四三年，他回到延安，任中央书记处书记和革命军事委员会副主席。一九四五年，在党的第七次代表大会上，当选为中央政治局委员和中央书记处书记。一九四七年春，敌人进攻延安，毛泽东同志和周恩来同志、任弼时同志、彭德怀同志留在陕北指挥全国解放战争和保卫陕甘宁边区的战斗。在这种情况下，刘少奇同志受党中央和毛泽东同志的委托，担任中共中央工作委员会书记，转移到华北，和朱德同志一起，负责党中央的日常工作。

一九四九年九月，刘少奇同志在中国人民政治协商会议上，当选为中央人民政府副主席。一九五四年，在第一届全国人民代表大会第一次会议上，当选为全国人民代表大会常务委员会委员长。一九五六年，在党的第八次代表大会上，当选为中央委员和政治局委员、常委、副主席。一九五九年四月，刘少奇同志在第二届全国人民代表大会第一次会议上当选为中华人民共和国主席。他担任这个职务直到逝世为止。

刘少奇同志几十年如一日，为党的巩固和发展，为新民主主义革命的胜利，为社会主义革命和社会主义建设事业的胜利，为反帝反殖和国际共产主义运动的开展，进行了不懈的斗争，建立了不朽的功绩，赢得了全党全军全国各族人民的爱戴和尊敬。

刘少奇同志是我们党的马克思主义理论家。他一贯重视理论和实践的统一，勤于调查研究和总结经验，并且善于把实践经验提到理论高度。他对我们党的建设，对我国工人运动和党在白区的工作，在实践上和理论上，都有重要的建树，他在这几方面提出的理论观点和思想原则，是党和人民几十年英勇奋斗的经验结晶，是毛泽东思想科学体系的组成部分。

刘少奇同志为把我们党建设成为马克思列宁主义的党，为捍卫党在思想上和组织上的纯洁，为巩固和发展党的队伍，为维护党的团结和统一，为确立党的生活的基本准则，为加强党和群众的联系，付出了毕生的精力。他首先提出“毛泽东思想”的概念，并在党的第七次全国代表大会上进行了有力的宣传。他的《论共产党员的修养》一书和其他关于党的建设的著作，教育了全党的广大党员，是我们党的宝贵的精神财富。

刘少奇同志长期以来，是我国工人运动的主要领导者和组织者之一。他善于把党的政治任务同工人群众的切身利益紧密结合起来，组织群众进行有成效的斗争。他在我国早期职工运动中竭力倡导的重视工会组织作用、提高职工群众觉悟、关心广大工人切身利益的思想，至今仍然具有指导意义。

一九二七年大革命失败后，全国笼罩着白色恐怖。而对国民党的反革命镇压，党内一部分干部的盲动反抗情绪有所滋长。刘少奇同志主张在群众工作中尽可能地利用公开合法手段，利用敌人内部矛盾，争取同盟者，并且注意根据群众的觉悟程度，采取适当的斗争方式，以保存和发展党在白区的革命力量。他的这些正确主张当时虽然受到压制和诋毁，但是抗日战争前夕他关于白区工作的经验总结，却受到了全党的重视，并且在抗日战争和解放战争的白区工作中起了重要的作用。

刘少奇同志在新民主主义革命时期党内几次重大的政治路线斗争中，坚持了正确的立场。他曾经同李立三的“左”倾冒险主义、王明的“左”倾机会主义、张国焘在长征中分裂党的罪恶活动以及王明在抗日初期的右倾机会主义，作过坚决斗争。历史事实证明，刘少奇同志不愧为坚定的成熟的无产阶级革命家。

建国以后，刘少奇同志作为党和国家的主要领导人之一，积极参与制定和贯彻执行社会主义革命和社会主义建设的路线、方针、政策。他坚持社会主义道路，坚持无产阶级专政，坚持共产党的领导，坚持马克思列宁主义、毛泽东思想。在我国生产资料所有制的社会主义改造基本完成以后，他代表党中央在党的第八次代表大会所做的报告中，主张把党的工作着重点转移到经济建设上来，集中力量提高社会生产力。在六十年代初经济困难时期，他深入了解实际情况，倾听群众呼声，深切关怀国家的安危和人民的疾苦，坚决支持“调整、巩固、充实、提高”的正确方针，并作了卓有成效的努力。

同任何一个无产阶级革命家都难免有这样那样的缺点、错误一样，刘少奇同志在工作中也有某些缺点和错误，但他总是忠实地执行党中央制定的路线和对内对外的政策，毫不动摇地坚持党的群众路线和民主集中制。

刘少奇同志是一位品德高尚的共产党员。

刘少奇同志一贯重视研究马列主义理论。他善于根据理论原则，联系实际，周密考查、具体分析问题，具有政治上的远见卓识。我们要学习他这种理论和实践统一的科学态度。

刘少奇同志和人民同呼吸共命运。他强调国家主席是人民的勤务员，革命工作没有高低贵贱之分，在任何岗位上都应该全心全意地为人民服务。对于工作中的缺点和错误，他总是从人民的利益出发，勇于纠正，勇于承担责任。在遭受林彪、江青一伙残酷迫害、处境异常艰难的时候，他始终保持共产党人的革命信念。我们要学习他这种对党对人民无限信任的革命品质。

刘少奇同志言行一致。他在《论共产党员的修养》中对广大党员提出的党性锻炼的要求，自己都以身作则地实践了。他不隐瞒自己的观点，敢于坚持真理，抵制错误，他从来都把自己放在组织之中，尊重集体领导，服从组织决定。我们要学习他这种坚持原则、严守纪律的革命风格。

刘少奇同志在对敌斗争中机智沉着，立场坚定。他两次被反动统治阶级逮捕，都坚贞不屈。在革命紧急关头，他总是不避艰险，到最困难的地方去、挑最重的担子。我们要学习他这种英勇顽强的革命精神。

敬爱的少奇同志离开我们已经十多年了。林彪、江青一伙制造伪证，隐瞒真相，罗织罪名，企图把他的名字从中国革命的历史上抹掉。但是，正如少奇同志在处境最艰险时所说："好在历史是由人民写的"，历史宣告了林彪、"四人帮"一伙阴谋的彻底破产。历史对新中国的每个创建者和领导者都是公正的，不会忘记任何人的功绩。和毛泽东同志、周恩来同志、朱德同志一样，刘少奇同志将永远活在我国各族人民的心中。

在新的历史发展时期，四个现代化建设的艰巨任务摆在全党全军全国各族人民的面前。坚持党的领导，改善党的领导，提高党的战斗力，是实现这个历史任务的根本保证。我们悼念刘少奇同志，最重要的，就是要实现他的遗愿，把我们的党建设好，全面恢复和发扬党的优良传统和优良作风，使我们党真正成为中国社会主义事业的核心力量，领导全国各族人民，同心同德，为实现社会主义现代化的伟大目标而奋斗。

刘少奇同志永垂不朽！

刘少奇生前曾在不同场合多次表示，在他去世之后，一定要把他的骨灰撒在大海里，不要存留人世。早在1956年4月，在当时国内普遍实行土葬的情况下，毛泽东、刘少奇、周恩来、朱德等就倡议火葬。他们在一次中央会议期间共同发出《倡议书》说："首先是在国家机关的领导工作人员中，根据自己的意愿，在自己死了以后实行火葬。"4月27日，毛泽东、周恩来、刘少奇、朱德、邓小平等第一批在《倡议书》上签了名。当天刘少奇回到家里，就郑重地向王光美谈了这件事，并嘱咐她：自己去世后遗体火化，不保留骨灰，把骨灰撒在大海里。1967年4月9日，他又一次对家人说："将来，我死了以后，你们要把我的骨灰撒在大海里，像恩格斯一样。大海连着五大洋，我要看着全世界实现共产主义。你们要记住，这就是我给你们的遗嘱。"

在刘少奇治丧活动过程中，中国革命博物馆等单位和许多群众鉴于刘少奇逝世的特殊情况，要求保存他的骨灰，但刘少奇治丧委员会和他的亲属还是决定尊重刘少奇的遗愿。中共中央书记处将撒骨灰的任务交由中国人民解放军海军执行。

5月19日上午，刘少奇的骨灰在治丧委员会工作人员和刘少奇家属子女的护送下，由北京乘专机运抵青岛军港。海军派出一艘驱逐舰、四艘护卫炮舰执行这一光荣任务。五艘军舰编队驶向黄海海域。午后一时许，在哀乐和21响礼炮声中，刘少奇的骨灰撒向广阔无垠、奔腾不息的大海。

5月21日，《刘少奇同志纪念展览》在中国革命博物馆正式展出。在这前后，反映刘少奇生平事迹的电影在全国各地上映。各地报刊发表了大量有关刘少奇的回忆文章和文艺作品。

1981年6月，中共十一届六中全会通过了《关于建国以来党的若干历史问题的决议》。《决议》中再次对“文化大革命”中造成的刘少奇冤案作出了结论：“确凿的事实证明，硬加给刘少奇同志的所谓‘叛徒、内奸、工贼’的罪名完全是林彪、江青等人的诬陷。八届十二中全会对刘少奇同志所作的政治结论和组织处理，是完全错误的。”

举世瞩目的刘少奇冤案，在经历了十多年的风风雨雨、大起大落之后，终于得到了完满的解决。这是中共十一届三中全会路线的胜利，实事求是思想路线的胜利。历史的发展雄辩地证实了刘少奇的坚定信念：“好在历史是人民写的！”

1980年2月29日，中共十一届五中全会通过了《关于为刘少奇同志平反的决议》。

1980年5月17日，刘少奇追悼大会在北京人民大会堂隆重举行。

附录

一、本书背景大事记

1965年初 江青在上海同张春桥秘密策划，由姚文元执笔，写作批判历史剧《海瑞罢官》的文章。《海瑞罢官》是北京市副市长、历史学家吴晗根据毛泽东1959年4月提倡学习海瑞的讲话创作的。

10月10日 毛泽东在同各中央局第一书记谈话中说：中央出了修正主义，你们怎么办？如果中央出了修正主义，你们就造反，各省有了小三线，就可以造反嘛。

11月10日 上海《文汇报》发表姚文元《评新编历史剧〈海瑞罢官〉》一文，揭开了“文化大革命”的序幕。

11月10日 杨尚昆因所谓“背着中央私设窃听器”的罪名被免去中央办公厅主任职务。

12月8日至15日 中共中央在上海召开政治局常委扩大会议。林彪、叶群、吴法宪、李作鹏等人罗织罪名，诬陷罗瑞卿“篡军反党”“反对突出政治”。罗瑞卿被调离领导岗位。

1966年1月12日 毛泽东在武汉同当地一些负责人谈话说：去年10月，我在北京讲过，如果北京搞修正主义，你们地方怎么办？是不是学蔡锷起义，打倒袁世凯？我总感到要出问题。

1月21日　江青从上海到苏州，同林彪谈“文艺革命”问题。2月2日至20日，江青根据林彪的委托，在上海召开部队文艺工作座谈会，提出：建国以来文艺界被一条反党反社会主义的黑线专了政，“要坚决进行一场文化战线上的社会主义大革命，彻底搞掉这条黑线”。座谈会纪要经毛泽东修改，于4月10日作为中共中央文件下发。

2月5日　刘少奇主持中央政治局常委会议，听取以彭真为组长的文化革命五人小组关于当前学术讨论的汇报。2月8日，彭真等专程去武汉向毛泽东汇报。2月12日，中共中央转发了五人小组《关于当前学术讨论的汇报提纲》（简称《二月提纲》）。

3月26日至4月19日　刘少奇和夫人应邀访问巴基斯坦、阿富汗、缅甸。

3月28日至30日　毛泽东在上海三次同康生、江青等人谈话，批评《二月提纲》混淆阶级界限，不分是非，是错误的，并严厉指责北京市委、中央宣传部包庇坏人，不支持左派，“再不支持，就解散五人小组、中央宣传部、北京市委”。毛泽东还号召地方造反，向中央进攻。

4月16日　毛泽东在杭州召集中央政治局常委扩大会议，解决彭真的“问题”，决定撤销文化革命五人小组和《二月提纲》，重新设立文化革命小组。

4月24日　中央政治局常委扩大会议原则通过毛泽东主持制订的《中国共产党中央委员会通知》（即《五·一六通知》），决定提交中央政治局扩大会议讨论。

5月4日至26日　中共中央政治局扩大会议在北京举行。毛泽东在杭州未回北京，会议由刘少奇主持，由康生负责向毛泽东汇报会议情况。

5月16日 中共中央政治局扩大会议正式通过《中国共产党中央委员会通知》（简称《五·一六通知》）。“通知”宣布撤销以彭真为组长的文化革命五人小组和《二月提纲》，重新设立中央文化革命小组。“通知”提出：“混进党里、政府里、军队里和各种文化界的资产阶级代表人物，是一批反革命的修正主义分子，一旦时机成熟，他们就会要夺取政权，由无产阶级专政变为资产阶级专政”，“例如赫鲁晓夫那样的人物，他们现正睡在我们的身旁，各级党委必须充分注意这一点。”

5月18日 林彪在中央政治局扩大会议上发表长篇讲话，别有用心地颂扬毛泽东的“天才”，大造党中央内部有人要搞政变、搞颠覆的谎言，制造恐怖气氛。

5月26日 刘少奇在中央政治局扩大会议上发言，谈了对毛泽东一系列指示的理解，并作了系统的自我批评。

5月28日 中央文化革命小组正式成立。组长陈伯达，顾问康生，副组长江青、王任重、刘志坚、张春桥，组员谢镗忠、尹达、王力、关锋、戚本禹、穆欣、姚文元。（王任重、刘志坚、谢镗忠、尹达、穆欣不久即被打倒，脱离了中央文革小组。）

5月30日 刘少奇、周恩来、邓小平向毛泽东请示，组织临时工作组去人民日报社。毛泽东批示“同意这样做”。以陈伯达为组长的工作组当日进驻人民日报社。

6月1日 《人民日报》发表陈伯达组织的社论《横扫一切牛鬼蛇神》，发表前未向中央报告。根据毛泽东的指示，中央人民广播电台播发了北京大学聂元梓等人的大字报《宋硕、陆平、彭珮云在文化革命中究竟干些什么？》。这张指名攻击北京市委、北大党委的大字报，是康生策划并把它密报给毛泽东的。

6月1日 以河北省委书记处书记张承先为组长的工作组进

驻北京大学，代行党委职权。此事得到毛泽东的同意。

6月2日 《人民日报》发表聂元梓等人的大字报，并发表评论员文章《欢呼北大的一张大字报》。

6月3日 刘少奇主持中央政治局常委扩大会议，听取李雪峰关于北京地区"文化大革命"情况的汇报，拟定了"八条指示"，要求在运动中注意保密、内外有别、大字报不要上街、不要示威游行、不搞大规模声讨会、不要包围黑帮住宅等。会议同意北京新市委向一些学校派出工作组，领导文化大革命。会后，北京市委陆续向一些大学、中学派出工作组。全国大部分省市和中央、国家机关部委，也参照北京市的做法，先后向本地区、本系统的一些学校、机关等单位派出了工作队、工作组。

6月6日 中央书记处开会，决定向中央宣传部派工作组。

6月9日至12日 刘少奇、周恩来、邓小平等去杭州向毛泽东汇报"文化大革命"的运动情况。

6月18日 北京大学发生揪斗几十名干部、教师、学生的"六·一八事件"，工作组发觉后予以制止。6月20日，刘少奇将驻北京大学工作组关于处理这一事件的简报批转全国，要求"各单位如果发生这种现象，都可参照北大的办法办理"。

6月30日 刘少奇、邓小平向毛泽东写信提出："在文化革命运动的部署方面，重点放在文化教育部门、党政机关。对于工业交通、基建、商业、医院等基层单位，仍按原定的四清部署和二十三条结合文化大革命进行"，并建议发出《中共中央、国务院关于工业交通企业和基本建设单位如何开展文化大革命运动的通知》。毛泽东于7月2日复信同意。

7月18日 毛泽东从武汉回到北京。他在听取汇报后对运动的进展情况表示不满，但并未提出要撤销工作组。7月23日毛泽东仍同意从军队抽调干部组织工作队派到地方搞“文化大革命”。

7月24日 毛泽东同中央政治局常委、中央文革小组成员谈话，提出要把工作组撤出来。25日，毛泽东进一步批评工作组“起坏作用，阻碍运动”，“不要工作组，要由革命师生自己搞革命”。

7月26日 中央政治局常委扩大会议根据毛泽东的指示，决定撤销工作组。刘少奇、邓小平等放弃了自己原来的意见。

7月28日 中共北京市委正式发出《关于撤销各大专学校工作组的决定》。文件中注明这一决定“也适用于中等学校”。

7月29日 在人民大会堂召开“北京市大专学校和中等学校师生文化革命积极分子大会”。刘少奇、周恩来、邓小平讲了话，毛泽东在大会结束前接见了到会人员。刘少奇在讲话中说：“派工作组，是中央决定、中央同意的。现在发现，工作组这个方式不适合于当前无产阶级文化大革命运动的需要，中央决定撤退工作组。”“至于怎样进行无产阶级文化大革命，你们不大清楚，不大知道，你们问我们，我老实回答你们，我也不晓得。”

8月1日至12日 毛泽东在北京主持召开中共八届十一中全会。会议通过了《中国共产党中央委员会关于无产阶级文化大革命的决定》，发表了公报。

8月4日 毛泽东在中央政治局常委扩大会议上对派工作组提出了更加严厉的指责，说：“这是镇压，是恐怖，这个恐怖来自中央。”“牛鬼蛇神，在座的就有。”刘少奇在插话中说：“无非是下台，不怕下台，有五条不怕。”

8月5日 毛泽东写了《炮打司令部——我的一张大字报》，虽没有点名，但明显地主要针对刘少奇。8月7日，这张大字报在中共八届十一中全会上印发。

8月11日、12日 叶群两次找总参作战部某副部长，向他口授诬陷刘少奇的材料，要他写成书面揭发。随后，林彪看了这位副部长写的诬陷材料，要求把材料改写成给林彪和毛泽东写信的形式，说“这样更政治化些”。当天，林彪把诬陷刘少奇的材料批送江青“酌转”毛泽东。

8月12日 根据毛泽东的提议，中共八届十一中全会改组了中央领导机构。在重新选举的中央政治局常委中，林彪名列第二位，成为毛泽东的接班人。刘少奇从第二位下降到第八位。

8月18日 首都百万群众在天安门广场举行“庆祝无产阶级文化大革命群众大会”。在会议报道中，首次公开披露了中共中央领导成员的变动情况。

9月 刘少奇写出书面检讨报毛泽东审阅。毛泽东9月14日批示：“少奇同志：基本上写得很好，很严肃，特别后半段更好。”

9月16日 康生重新提出1936年薄一波等61人出狱问题，致函毛泽东说，“我长期怀疑少奇同志要安子文、薄一波等人‘自首出狱’的决定”，“这一决定是完全错误的，是一个反共的决定。”

10月9日至28日 毛泽东在北京主持召开中共中央工作会议。林彪、陈伯达在会上指名攻击刘少奇、邓小平执行了“一条压制群众、反对革命的路线”，“这次文化大革命运动的错误路线主要是刘、邓发起的。”23日，刘少奇、邓小平在会上作了检查。24日，毛泽东在听取会议情况汇报后说：对刘、邓要准许革命，准许改，说我和稀泥，我就是和稀泥；对少奇同志不能一笔抹煞。25日毛泽东在全体会上又说：“也不能完全怪刘少奇同志、邓小平同志，他们两个同志犯错误也有原因”。还说：“北京的问题，到现在可以说基本解决了。”

11月9日　中共中央办公厅将刘少奇在中央工作会议上的检讨下发。全国各地陆续掀起批判所谓“刘邓资产阶级反动路线”的高潮。

12月初　北京建筑工业学院红卫兵组织“八一战斗团”几次要刘少奇到该院检查。刘少奇将此事报告了毛泽东，毛泽东派人转告刘少奇不要去，并要周恩来向群众做工作。

12月4日至6日　林彪在北京主持中央政治局扩大会议，听取工交座谈会情况汇报。林彪在会上说：“刘、邓的问题不是50天的问题，而是10年、20年的问题。”康生在会上提出要批判所谓“唯生产力论”。

12月18日　王光美专案组成立，谢富治任组长，陈伯达任顾问。

12月18日　张春桥在中南海西门单独接见清华大学造反派头头蒯大富，指使蒯大富公开煽动打倒刘少奇、邓小平，把他们搞臭。25日，蒯大富等策划了“井冈山兵团12·25大行动”，组织游行示威，大量张贴“打倒刘少奇”“打倒邓小平”等大标语、大字报。这一煽动活动持续了多日。

12月26日　江青指派王力、戚本禹找刘少奇女儿刘涛谈话，策动刘涛起来造她父亲的反。

12月27日　北京高等院校造反派在工人体育场召开“彻底批判刘邓资产阶级反动路线大会”，使“倒刘”活动进一步公开化。

12月28日　陶铸在中宣部说：“刘、邓还是中央常委，还是人民内部矛盾，不能说是走资本主义道路当权派。”

12月30日 江青、王力、关锋专程到清华大学，向蒯大富表示“坚决支持”。

12月31日 江青单独接见刘涛，再次策动她造刘少奇的反，并说：“刘少奇的问题早就定了，现在不解决、不打倒他，是因为怕全国人民转不过弯来。”刘涛于1967年1月2日写出《看刘少奇的丑恶灵魂》的大字报，丑化刘少奇。

12月31日晚 周恩来在同清华大学学生座谈时，不同意把刘少奇说成是敌我矛盾。

1967年1月1日 中南海机关的造反派“6711战斗队”到刘少奇住地，在院子里的墙上、地上写了“打倒中国的赫鲁晓夫刘少奇”等大标语。

1月3日 中南海机关的造反派第一次直接批斗刘少奇、王光美。

1月4日 江青、康生、陈伯达在接见造反派时，诬陷陶铸是“中国最大的保皇派”“资产阶级反动路线的忠实执行者”。陶铸被突然打倒。

1月4日 康生在人民大会堂小礼堂把一卷刘少奇讲话材料交给蒯大富，要他组织写批判文章。

1月6日 清华大学造反派制造所谓“智擒王光美”事件，将刘少奇、王光美骗出中南海，并将王光美绑架到清华大学。在周恩来干预下王光美于当天被送回。

1月12日晚 中南海机关的造反派第二次批斗刘少奇、王光美。

1月13日夜 毛泽东在人民大会堂召见刘少奇，要他“好好学习，保重身体”。刘少奇提出辞去中央常委、国家主席等职务，带妻子儿女去延安或老家种地。

1月17日、18日　中南海电话局的造反派强行拆除了刘少奇办公室的电话，切断了他同中央政治局的电话联系。

2月11日、16日　谭震林、陈毅、叶剑英、李富春、李先念、徐向前、聂荣臻等对“文化大革命”的错误做法表示强烈不满，对林彪、江青、康生、陈伯达一伙诬陷迫害老干部、乱党、乱军的罪恶活动进行了大义凛然的斗争。这场斗争被诬为“二月逆流”。此后，中央政治局停止活动，为中央文革小组所取代。

3月9日、10日　陈伯达、康生在部队军以上干部会议上，点名对刘少奇进行了系统的批判。

3月21日　中央同意把有关刘少奇历史问题的揭发材料交由“王光美专案组”调查研究。

3月28日　刘少奇致信毛泽东并中共中央，说明自己没有也不可能说过“《清宫秘史》是爱国主义的”这样的话，要求中央调查。

4月1日　各报刊公开发表戚本禹《爱国主义还是卖国主义》一文，大肆攻击刘少奇。刘少奇读后极为气愤，说：“这篇文章有许多假话。我什么时候说过那个电影是爱国主义的？什么时候说过当红色买办？不符合事实，是栽赃！党内斗争从来没有这么不严肃过。”

4月6日　中南海机关的造反派第三次批斗刘少奇、王光美。

4月8日　《人民日报》发表社论《高举无产阶级的革命的批判的旗帜》，号召开展“革命大批判运动”。

4月10日　清华大学造反派组织了30万人大会批斗王光美，并在会前和会后三次审讯王光美。

4月12日至18日　在中央军委扩大会议上，林彪、江青、陈伯达、康生、张春桥等先后讲话，罗织罪名批判刘少奇、邓小平。

4月13日　中南海机关的造反派第四次批斗刘少奇、王光美。

4月14日　刘少奇向“南海卫东革命造反队”交出一份答辩材料，针对戚本禹文章中的诬陷澄清部分事实真相。

5月8日　《人民日报》、《红旗》杂志发表编辑部文章《〈修养〉的要害是背叛无产阶级专政》。5月11日，中央发出通知，要求对这篇文章“认真地组织学习和讨论，进一步深入地开展对党内最大的一小撮走资本主义道路当权派的大批判运动。”

5月中旬　谢富治向“王光美专案组”工作人员宣布，“王光美专案组”改为“刘少奇、王光美专案组”。

7月9日　根据中央办公厅的通知，刘少奇向北京建工学院造反派组织交出一份书面检查，但被造反派说成是“假认罪、真反扑”。此后，刘少奇拒绝再向造反派写检查。

7月18日　江青、陈伯达、康生、戚本禹利用毛泽东、周恩来不在北京之机，组织批斗了刘少奇、邓小平、陶铸夫妇。这次批斗会后，刘少奇、王光美被公开单独看管，完全失去行动自由。

7月中旬至8月上旬　在中央文革小组成员的煽动下，北京和外地的上千个造反派组织纠集数以万计的人成立所谓“揪刘火线”，围困中南海，扬言要把刘少奇揪出中南海。

8月5日　在中央文革小组的组织下，中南海内又一次批斗了刘少奇、王光美。

8月8日　《北京日报》8月7日发表《篡党篡国阴谋的大暴露》一文，说刘少奇策划和支持了所谓“畅欢楼反革命事件”。刘少奇读后致信毛泽东并中共中央，反驳了这种毫无根据的指责，并再次提出辞去一切职务的要求。

9月13日 王光美被逮捕，12月转往秦城监狱。

10月21日 中共中央、中央文革发出《关于征询对“九大”问题意见的通知》，转发了姚文元关于“九大”问题给毛泽东的一封信。信中说：“刘少奇是叛徒，要进一步批臭，清除出去！”

1968年1月16日 “刘少奇、王光美专案组”写出一份《关于大叛徒刘少奇一九二五年在长沙被捕投降叛变罪行的审查报告》。由于没有确实证据，受到毛泽东批评。

2月2日 中央办公厅政治部通知刘少奇，要他按照“中南海无产阶级革命派”的要求，书面交待本人历史上的几个问题。刘少奇于2月11日交出了书面交待。

2月22日 “刘少奇、王光美专案组”写出刘少奇案情综合报告。谢富治2月26日批示：“大叛徒刘少奇一案，主要工作都是由江青同志亲自抓的。今后一切重要情况的报告和请示都要直接先报告江青同志。”

3月以后 刘少奇原有的病情明显加重。7月初病危，经抢救脱险。以后病情又多次反复发作。

9月15日 谢富治将“刘少奇、王光美专案组”整理的所谓“罪证材料”报送江青。9月16日至29日，江青、康生、陈伯达、林彪先后批示，对刘少奇问题定了性。

10月13日至31日 中共扩大的八届十二中全会在北京举行。在极不正常的情况下，全会于10月31日批准《关于叛徒、内奸、工贼刘少奇罪行的审查报告》。

10月16日 《人民日报》转载《红旗》杂志社论《吸收无产阶级的新鲜血液》，号召批判所谓刘少奇推行的“黑六论”。

1969年4月1日至24日 中共九大在北京举行。九大通过的党章和林彪所作的政治报告，使“文化大革命”的错误理论和错误实践合法化。

7月5日起 刘少奇支气管肺炎发作，病情严重，后经抢救治疗，病情暂时稳定。

10月17日晚 身患重病的刘少奇被秘密送往河南省开封市继续“监护”。

11月12日晨 6时45分，刘少奇在开封逝世。

1978年12月18日至22日 中共十一届三中全会在北京举行。全会开始全面地、认真地纠正“文化大革命”的错误。

1979年2月 中共中央决定由中央纪律检查委员会和中央组织部对刘少奇一案进行复查。

1980年2月29日 中共十一届五中全会作出《关于为刘少奇同志平反的决议》。

1980年5月17日 中共中央在人民大会堂隆重举行刘少奇追悼大会。党和国家领导人以及首都各界群众代表出席，邓小平致悼词。

1980年5月19日 遵照刘少奇生前的遗言，他的骨灰撒在大海里。

二、中共十一届五中全会《关于为刘少奇同志平反的决议》

（一九八〇年二月二十九日通过）

刘少奇同志，一八九八年生，湖南省宁乡县人。一九二〇年加入中国社会主义青年团，一九二一年加入中国共产党。历任党内重要领导职务。“文化大革命”前任党中央副主席、国家主席。

“文化大革命”前夕和初期，由于当时对党内和国内形势作了违反实际的估计，认定党内存在一条与中央路线相对立的反革命修正主义路线，存在一个资产阶级司令部，把刘少奇同志当作党内反革命修正主义集团的总头目和全国最大的走资本主义道路当权派；并且离开民主集中制的原则，采取错误的方针和方法，在全国范围内，对刘少奇同志进行了公开的、错误的批判和斗争，撤销了刘少奇同志党中央副主席的职务和实际上撤销了他的国家主席的职务。

林彪、江青、康生、陈伯达等人，出于他们篡夺党和国家最高领导权、颠覆无产阶级专政的反革命目的，不但对关于刘少奇同志的错误认识和错误处理的形成，起了极为恶劣的推波助澜的作用，而且利用这个错误，凭借其所窃取的权力，蓄意对刘少奇同志进行政治陷害和人身迫害，并把一大批党政军领导干部诬陷为“刘少奇的代理人”，统统打倒。

一九六六年十二月十八日，成立了专案组，在江青、康生、谢富治等人的直接控制和指挥下，一方面，采取弄虚作假、断章取义、逼供信等恶劣手段，拼凑虚构的、牵强附会的材料，伪造证据，报送中央；另一方面，又扣压了解真相的人的证词和被迫提供伪证的人多次更正的材料，于一九六八年九月，提出了一份所谓《关于叛徒、内奸、工贼刘少奇罪行的审查报告》。这份《报告》和附件《罪证》，是由党的八届十二中全会在当时党中央工作和党内生活处于极不正常的状况之下通过的。八届十二中全会公报，还宣布了中央“把刘少奇永远开除出党，撤销其党内外的一切职务，并继续清算刘少奇及其同伙叛党叛国的罪行”的决议。十一月下旬，上述公报、审查报告和附件，以中发〔68〕152号和〔68〕155号文件发至全党，口头传达到群众。这就造成了全国最大的冤案。

刘少奇同志本人，早在一九六六年冬即被隔离和批斗。在整个隔离、批斗过程中，被完全剥夺了申辩的权利。一九六九年十月，于重病中被强行从北京押送到开封“监护”，同年十一月十二日被迫害含冤逝世。

粉碎“四人帮”以来，党内外许多人向中央建议，对刘少奇同志案件进行复查。一九七八年十二月党的十一届三中全会，解决了历史上遗留的一批重大问题和一些重要领导人的功过是非问题以后，中央在一九七九年二月决定，由中央纪律检查委员会和中央组织部对刘少奇同志一案进行复查。现在，这个案件的问题已经逐项调查核实。中共十一届五中全会审查后，特将复查结果与决议宣布如下：

1　所谓一九二五年在长沙“被捕叛变”问题

原审查报告说，刘少奇同志于一九二五年十一月，“借口养病”，“私自从上海潜逃长沙”，十二月被长沙戒严司令部逮捕。湖南军阀赵恒惕亲批“斩决”，迫使他完全接受“活命条件”，“投降了敌人，背叛了革命”。随后，“奉赵恒惕的旨意，捧着赵恒惕赏赐的《四书》离开湖南前往广州，怀着不可告人的目的，重新钻进党内来”。

据复查，刘少奇同志一九二五年冬在长沙曾经被捕，但根本不存在“私自从上海潜逃长沙”和投敌叛变的问题。

第一，刘少奇同志确是因病重从上海回湖南养病的。当时，《上海总工会三日刊》、广东《工人之路》等革命报刊及长沙《大公报》，对此均有报道。上海英租界工部局《警务日报》的情报上，也提到“刘华（上海总工会副委员长）说：刘少奇……在罢工斗争中很积极，现在病的很重，已经和他的家眷回湖南去了。”所谓“借口养病”“私自潜逃”之说，起初是原专案组歪曲报刊材料，推断强加的；后来又仅凭康生一九六八年九月十七日写给江青的亲笔信上一段话（诬陷说此事他“完全可以证明”），便予以肯定。这不但无任何旁证，而且中华全国总工会获悉刘少奇同志在长沙被捕，就电请赵恒惕“查明释放”的事实，也足以证明“潜逃”之说完全是虚构的。

第二，刘少奇同志在长沙被捕后，确是经过多方营救获释，由湖南转去广州工作的。据查，刘少奇同志被捕的消息一传开，中华全国总工会、全总上海办事处和全国各地工会，以及国民党第二次全国代表大会等，纷纷通电谴责赵恒惕，要求释放；湖南学生联合会联合各团体发出呼吁书，要求保释。

同时，刘的亲友、同乡托请湖南上层人物洪赓飏（长沙禁烟局局长，刘少奇同志旧友，叶开鑫的干女婿）、叶开鑫、贺耀祖（均为赵恒惕手下的师长）、欧阳振声（湖南省议会议长）等人，以同乡身份进行营救。在外有各界压力，内有上层疏通和联名具保的情况下，赵恒惕不得不在一九二六年一月十六日将刘少奇同志开释，驱逐出境了事。此后，刘少奇同志在二月十九日抵达广州，还受到中华全国总工会的隆重欢迎。这段经历，当时《工人之路》、《中国学生》等革命报刊均有报道，并有袁素（洪赓飏之妻）、李治安（刘少奇同志前妻何宝珍烈士的同学）等人证明。

第三，刘少奇同志在被捕期间，并无任何投敌叛变的言行。原审查报告认定为“投降”“背叛”的唯一根据，是恶霸罪犯杨剑雄（当时任湖南省长署会计）一九五二年的一段笔供：“当洪赓飏、叶开鑫等具禀，保释刘少奇同志时，赵恒惕说：‘要他迅急离开湖南，不要在这里乱搞。要庶务股去买一册四书五经送给他，好好去读……’，‘交保开释’。”这段话，只能证明刘少奇同志确是经保释后被驱逐出境，原专案组引来作为他接受“活命条件”和“投降”“背叛”的根据，是荒唐的。至于赵恒惕这样的旧军阀送《四书》的事，在当时封建军阀统治的历史条件下，不足为奇。这件事，连当时报纸的报道也认为是“最滑稽”的。原审查报告脱离历史背景，不顾历史事实，从赵恒惕送《四书》竟推断出刘少奇同志“奉赵恒惕旨意……重新钻入党内”，纯属捏造和诬陷。

第四，原审查报告还提到，赵恒惕于一九二五年六月发布“四斩”反革命布告和十月杀害安源工人俱乐部副主任黄静源同志两件事，以推断刘少奇同志被捕后，如不投降必然被杀。

据查，“四斩”布告，是赵恒惕的戒严司令部针对六月初长沙市传说外国人杀了中国工人，群情激愤，惹起“一夜纷乱”，怕引起更大暴乱而发布的。黄静源同志是一九二五年十月十六日在江西省安源煤矿被赣西镇守使李鸿程杀害的；事后，工人群众将其遗体抢到长沙，举行送葬示威和追悼大会。这些事同后来刘少奇同志被捕和释放并不相干。如不投降必然被杀这一论断是没有根据的。所谓赵恒惕曾亲批将刘少奇同志“斩决”，仅来自黎泽泰（当时任湖南省长署文牍）一人一九六七年八月二十三日在逼供之下写的材料，而按他所写，他也是听杨剑雄说的，并非亲自看到，更何况杨剑雄的口供中，根本未提到赵恒惕亲批“斩决”的事，不足为凭。

第五，原审查报告还借杨剑雄一九五三年被处决之前，湖南省宁乡县公安局曾请示过刘少奇同志一事，认定刘少奇同志“对即将暴露他的叛变罪行的杨剑雄”杀人灭口。这完全是歪曲事实。

杨剑雄是恶霸地主，历史上有血债，民愤极大，解放后畏罪潜逃外地，一九五二年逮捕归案。宁乡县人民政府根据其罪恶事实，在刘少奇同志毫无所知的情况下，于一九五三年一月十八日判处杨犯死刑，并报经湖南省人民政府于一月二十四日核准。由于审讯过程中，杨犯说过他曾经参加一九二四年刘少奇同志被捕后的营救活动，宁乡县公安局为慎重起见，才在执行前（一月二十六日）致函刘少奇同志进行核对，并要求在十日内电复。刘少奇同志于一月二十九日复电说明，杨剑雄“所称一九二四年在长沙营救我出狱等语，并无其事。我一九二五年在长沙被捕，因有很多人营救……得以出狱，但这与杨剑雄毫无关系。杨犯罪恶仍应按你们判决处理”。这个答复意见是正常的，并未对杨犯的判决有所干预。整个过程表明，宁乡县判处恶霸杨剑雄死刑，事前刘少奇同志完全不知道。如果这是出于刘的授意，宁乡县又何必在判决后再致函询问呢?！原专案组把这件事说成刘少奇同志蓄意“杀人灭口”，完全是强加罪名。何况已有充分材料证明，刘少奇同志根本没有投敌叛变，当然更不存在他害怕暴露“罪行”而“杀人灭口”的问题。

2　所谓一九二七年在武汉和庐山进行“内奸活动”问题

原审查报告认定，刘少奇同志在一九二七年大革命紧要关头，窃据湖北省总工会秘书长的职位，充当内奸，破坏工人运动。列举的“罪名”是；1. 在“四·三”惨案发生后，为日寇保镖；2. 与汪精卫、陈公博勾结，被指定为“国民党中央工人运动小组长”，向敌人献策调走武汉工会骨干，解散工人纠察队；3. 为掩盖其“内奸面貌”，还演出了一场假逮捕的“苦肉计”；4. 在武汉“七·一五”事变前，受汪精卫指使，“躲往庐山”,“继续进行叛卖勾当”。据复查，这些罪名都与事实不符，或是诬陷，或是虚构，不能成立。

第一，“四·三”惨案问题。据查，在驻汉口日本水兵杀人惨案发生后，刘少奇同志代表工会出席各人民团体紧急会议和参与主持工会联席会议，在组织群众反日斗争中起过重要作用。对此，一九二七年四月五日的《汉口民国日报》曾有报道。各工会联席会议的决议和全省总工会的布告中，号召群众“遵守革命纪律”“万勿骚动”“不要打日本人的窗户”“不要打日本人”等，经查阅中共八七会议《告全党党员书》和一九二七年四月五日《汪精卫、陈独秀联合宣言》等历史档案，这是根据当时党中央的指导方针和斗争策略制定，不是刘少奇同志个人决定的。原审查报告不问来由，颠倒是非，把这些当时见报的文告词句，拼凑成刘少奇同志“为日寇保镖”的罪名，显然是蓄意歪曲历史。

第二，所谓“担任国民党中央‘工人运动小组长’，充当特务，向国民党提供‘工运情报’，以及‘向陈公博献策’”的问题。这一条，出自丁觉群（当时是共产党员，任国民党汉口特别市党部执行委员兼工人部长，一九二八年被捕以后脱党，参加过复兴社，已于一九七八年初病死）一人一九六八年十月六日的“书面交代”，并无其他证据。经查对原专案组审讯丁觉群的档案，发现一九六七年九月二十五日，丁在“监护”中交出一份笔供，附信公开说明：“为了批倒批臭刘少奇，我这个文件是打破事实框框写的。”同年十月十八日至十二月二十七日，丁四次翻供和申述，在十一月十三日的申述中特别提到：“首长已经向我揭开了盖子，反戈一击有功，且可免追既往罪过，否则交群众斗争，交公安机关治罪，停止退休金，以至促短自己有限生命，而落个遗臭万年。聆训后，我思想斗争剧烈，思想起伏，终夜无眠。”丁一九六八年十月六日的“书面交代”，就是在这之后，按照原专案组的提示编造的。又查到一九七二年丁被释放回家后的日记，其中写道：“我只说在党内我受刘的领导，而不提陈独秀当权的党中央对我的指示，和湖北省委书记张国焘对我面示，就是使刘贼无所躲闪，而我自己情愿把一切担负起来。”丁的儿子丁运隆交出这本日记时说明，其父生前对他说过：“我深深地知道，刘少奇早已被打倒了，现在只是要找到一些能够说明所以必须打倒的罪证材料公布于世，以求名正言顺。我不能使他们如愿以偿，我是下不了台的。”由此可以完全证明，丁觉群的口供是被迫编造的。又据调查，这个一名组长、一名组员（丁觉群）的所谓“工人运动小组”，根本就不存在。既然根本没有这样一个组织机构，当然刘少奇同志被指定为小组长是虚构的。这也证明，丁觉群的“书面交代”是捏造的。

第三，调动武汉工会干部问题。据李维汉、郭述申同志及李景明（当时任湖北省总工会宣传部主任）、郑超麟（当时任湖北省委宣传部长）等人证明，一九二七年六月初，我党中央鉴于汪精卫的武汉国民政府叛变革命，实行宁汉合流的步骤逐渐明显，遂决定疏散各地聚集在武汉的干部。湖北省总工会根据这一精神，将公开活动的党员干部，有的隐蔽、转移，有的派往贺龙、叶挺部队，又新调一些面目未暴露的干部来坚持工作。这种应变措施，在当时是必要的，也是完全正确的。原审查报告将此事歪曲为刘少奇同志“破坏革命的内奸活动”，是十分荒谬的。

第四，工人纠察队缴枪问题。经查阅一九二七年七月共产国际执委会《关于中国革命目前形势的决定》、中共八七会议《告全党党员书》，以及一九二九年十二月陈独秀等人《我们的政治意见书》和一九二七年六月二十九日武汉国民党中央会议记录，这些有关材料都说明：当时以陈独秀为首的党中央屈服于汪精卫武汉政府的压力，为维持国共合作和所谓“兵、工团结”，决定自动解除工人纠察队武装。这个错误是陈独秀推行右倾机会主义路线所造成，主要责任在中央的领导。刘少奇同志当时并非中央主要成员，凡是了解这一段党的历史的人，都知道这样重要的问题，绝不是他所能决定的。至于他作为湖北省总工会秘书长，代表工会去作缴枪经过和意义的报告，完全是执行上级的错误决定的问题。原审查报告把这件事的责任推到刘少奇同志身上，是不公正的，也是不符合当时的历史事实的；把它又演绎成“特务内奸活动”，则显然是栽赃诬陷。

第五，是否有所谓“苦肉计”，即一九二七年在武汉曾否被捕的问题。1. 当时在全国总工会和湖北省总工会（两处是隔壁）工作的林棣之、陈仲波、曾昭美、吴良福等多人证明，一九二七年六月二十八日晚，有一些国民党军队冲进全总和省总闹事，但没有见到和听说发生过向忠发、许白昊、项英、刘少奇等工会主要领导人被捕的事。2. 一九二七年六月二十九日武汉国民党中央会议记录，一方面提到纠察队解散以后，发生了军队占工会房子，抓了工会的人；另一方面又提到李立三、刘少奇先后向武汉国民党当局报告，要请卫戍司令部派兵保护他们，等等。这里所说的“抓工会的人”一事，显然不是指刘少奇同志等全总和省总的主要领导人。如果当时刘少奇同志已经被捕，当然就不会有李立三、刘少奇同志向武汉国民党当局报告，要求保护的事。3. 当时的《庸报》、《申报》、《时报》、《顺天时报》等，有关这次军队一度“占领总工会会址”，与工会发生纠纷的报道，不仅没有提到有工会主要领导人被捕，而且有的说：“经苏兆征与第八军李品仙交涉结果，此事乃双方意见有欠疏通之故，现经谈妥，军队已于午后撤退”（申报）；有的说，“……今晨军队占领工会会所事，经双方解释，误会全祛。今晚军队已撤去，工会仍归纠察队防守”（庸报）。

原审查报告说刘少奇同志在一九二七年六月二十八日曾经被捕，主要根据是：当年六月二十九日汉口法租界巡捕房给法国驻武汉总领事的报告信。信上提到：昨晚卫戍司令部军官率领巡逻队，在总工会办事处逮捕了该会几个重要成员向忠发、刘少奇、许白昊、项英等。从上述各方面的材料，特别是与一些当时亲历其境者的证明相对照，该报告信的内容显然是不真实的。而且事实上向忠发、许白昊、项英等当时也都未被捕，更足以证明该报告信内容之不真实。

至于所谓假逮捕的“苦肉计”之说，其唯一来源是前面提到的丁觉群的那份虚构的“书面交代”。（据丁交代：刘少奇为了掩盖他与汪精卫、陈公博勾结出卖工人纠察队的罪行，将来更好地为汪效劳，于六月二十五日写一封密信，要丁送给陈公博，提出“来一次苦肉计”。在纠察队缴枪的头一天，刘少奇等人即被逮捕。次日上午由卫戍区司令部用小汽车密送刘到武汉国民党中央党部与汪谈话，决定下一步活动。）可是，大量事实已经确切证明，刘少奇同志并未被捕。既未被捕，何来“苦肉计”？！原审查报告引用这种在逼供下编造的谎言，滥定罪名，完全不足为据。

第六，所谓受汪精卫指使，“躲往庐山”，“继续进行叛卖勾当”问题，原审查报告仍是以丁觉群编造的那份“书面交代”为依据，别无任何旁证。而据聂荣臻同志以及罗章龙等人证明，当时党中央是知道刘少奇同志从武汉去庐山养病的；一九二七年南昌起义前几天，聂荣臻同志还曾经根据周恩来同志指示，两次到庐山向刘少奇同志当面传达过准备发动武装起义的决定。这说明，丁觉群的口供所说“躲往庐山”根本不能成立。

3　所谓一九二九年在沈阳“被捕叛变”问题

原审查报告说，刘少奇同志一九二九年八月二十二日在沈阳奉天纱厂被捕后，供认自己是满洲省委书记，出卖了省委领导成员和所属党组织，并且向统治阶级“积极出谋献策”，张学良“颇为赞赏”，因而释放；由于他提供情报，“党组织遭到严重破坏，许多共产党员被捕被杀”；还说他按照敌人旨意，“利用中东路事件配合进行反苏反共”，等等。经复查，这些“罪名”都是无中生有的伪造。

第一，原专案组认定刘少奇同志在沈阳“被捕叛变”，主要是根据孟用潜（当时任满洲省委组织部长，与刘同时被捕）、刘多荃（当时是张学良的卫队上校团长）二人的交代材料。现已查明，孟用潜同志早在刘少奇问题定案前就提出翻案（他在被关押期间，共写过二十次申诉材料，均被原专案组扣压，隐瞒不上报），纠正了原来在逼供情况下编造的假交代。刘多荃的材料也完全是虚构的。经查对原专案组案卷记录，刘多荃所说的“破获共产党案子”，从被捕人数、被捕地点、关押时间，到释放的方式和过程等具体情节，同刘少奇同志被捕的案情无一相似之处。刘多荃也于一九七九年五月和十一月写了更正材料，说他确实没有听说过张学良同被捕的人“达成政治交易”的事，“一九六八年一月我所交待的关于‘奉天纺纱厂逮捕共产党人案，和同年八月以前所交待的关于‘中东路事件’的两篇材料，是专案组从我到学习班被监护的整个期间，被逼所写的几十万字材料中，摘录要我抄写的”；并揭发了专案人员对他指供、诱供，炮制假证据的全部过程。原审查报告，把刘多荃被逼虚构的证词，作为刘少奇同志“叛变”的根据，是毫无道理的。

第二，原《罪证》中还有另外六个所谓“知情人”作证的笔供，都写得含糊不清，除一份是“听（别人）说”的之外，其余五份，只说被捕者是黑脸、白脸、黄脸、中等个、高个子或胖子、瘦子。这些“知情人”中，关辅金（原奉天纱厂副技师）、徐廉奎（原奉天纱厂庶务主任）、关庆云（原奉天省警察局行政科代理科长）三人已病死；还活着的丁基实（即丁君羊，在孟用潜同志调离后任满洲省委组织部长，后脱党）、刘青第（原奉天省高等法院检察处代理主任书记官）和陈元祯（原奉天警察局商埠地三分局差遣班长）三人，都否认了在逼供情况下写的假证词。陈元祯（现名陈冠英）一九七九年六月六日揭发（由他三儿媳代笔）说：他只记得一九二九年奉天纱厂因闹风波，抓过人，“以后的事情我就不知道了”。但是，一九六八年一二月间，沈阳军区有一个人把他叫去查问此事，威胁说，“你在（再）不说，就送你到公安局去”。“前后七八天连轴转，不让我睡觉，……实在受不了”。后来又换来另一个人，“对我说，那你都承认了吧。刘少奇已经倒了，没有啥，你立功了”。“一九六八年的那个材料是他们写的，我不认几个字，不会写字，未让我看，只念给我听一下，就让我签字盖手印的，随之就把我放回家了”。不料，“一九六八年十一月四日（注：党的第九次代表大会前不久），……把我带到吉林军区监护了起来”，起初“听说开完‘九大’了让我回家”，可是“一九七二年二月才把我放回来”。在江青、康生、谢富治等人直接控制和指挥下，专案人员如何搞逼供信和弄虚作假，于此可见一斑。

第三，除了以上虚构的证词已被否定之外，更重要的是，有大量的材料足以证明，刘少奇同志一九二九年被捕，并无任何叛变行为。

（1）现已查明，刘少奇同志是在奉天纱厂一次工潮中，同孟用潜同志一起去该厂找工人谈话，因厂内有叛徒向厂方密告厂内酝酿罢工的情况，致使地下党支部书记被拘留，刘、孟二人也在纱厂门口被该厂卫队怀疑而逮捕。以上被捕的经过和原因，满洲省委在一九二九年八月三十一日即向中央作了报告，有案可查。廖如愿（当时任满洲省委秘书长）也证明："刘、孟到警察局后，外面送东西很方便，前往接见也不困难"，对刘、孟"没有作政治犯处理"，"所以当时省委态度镇静"；"刘、孟在警察局集中意志对警察局所作一般案件的应付，没听到政治态度有什么变动"。

（2）刘少奇同志被捕后，并未引起党组织受破坏和牵连其他同志被捕、被杀。据满洲省委一九二九年九月十九日向中央的报告说："刘、孟被捕事，在工作上虽有很大的打击，但在同志倾向上没有多大的影响。"王鹤寿、杨一辰、何松亭等同志（当时均在满洲党、团省委及所属组织工作，是真正了解情况的）也都证明，刘、孟被捕后，他们所知道的党、团领导机关与负责同志的住址、他们所知道的一些学校、工厂的支部，没有一处遭到破坏，也没有任何一位同志受牵连被捕；王鹤寿、赵毅敏等同志还证明，在张作霖、张学良统治东北时期，除一位鼓动兵变的共产党员韩渊波同志被杀以外，直到九一八事变为止，东北地区没有任何同志被杀。这个历史事实，也是当时在东北工作的同志人所共知的。原审查报告说由于刘少奇同志被捕，有许多共产党员被杀，这完全是捏造的。

（3）原审查报告影射一九三〇年四月满洲省委大破坏，是刘少奇同志“提供情报”的结果。这是蓄意歪曲历史。根据党的历史档案（一九三〇年九月十八日中共满洲总行委第十二号《通知》）和敌伪档案（一九三四年日本大阪对支经济联盟编《苏联和满洲的共产运动》）、敌伪报刊（一九三〇年五月一日《盛京时报》）记载，以及上述当时在满洲党、团省委工作的赵毅敏、杨一辰、王鹤寿等同志一致证明，这次大破坏，致使党、团省委领导人及党、团员三十余人被捕，是由于杜兰亭（当时在团省委工作）四月十二日被捕后叛变，向敌人供出团省委机关的地址造成的（当时党、团省委负责同志正在那里开会，许多同志因而被捕）。当时刘少奇同志已经离开满洲去上海工作，这件事同他毫无关系。

（4）刘少奇同志是在被捕半个多月后，统治阶级没有取得任何证据的情况下，取保释放的。据孟用潜同志一九六七年六月五日“补充材料”说：“对我的判决是‘煽动工潮，证据不足，不予起诉，取保释放’；对刘少奇也是‘不予起诉，取保释放’。”杨一辰同志一九六七年六月十七日和一九七九年四月二十四日两次证明：当时对刘少奇同志判决“检察却下，不起诉处分，取保释放”。还有饶漱石（当时任满洲团省委书记）、王广恩（原奉天纱厂协理）等人，也提供了类似的证明材料。

总之，刘少奇同志一九二九年在沈阳奉天纱厂被捕后，没有暴露政治身份，没有损害党的组织和党的事业，关押半个多月后，因案情不重，证据不足，即取保释放，继续从事党的领导工作，根本不存在投敌叛变的问题。原专案组仅凭搞逼供信编造的材料，就认定刘少奇同志“投敌叛变”，进而凭空捏造说：“刘少奇积极地向……张学良提供情报，使满洲省委及其所属地下党组织遭到严重破坏，许多党员被捕、被杀”，“还按照帝国主义、国民党和……张学良的旨意，利用中东路事件，配合进行反苏反共”等“大叛卖”活动。这些完全是无中生有的“罪名”。

4　所谓“其他反革命罪行”问题

原审查报告在以上三个问题之外，还列举了刘少奇同志的七项“反革命罪行”。经复查，这些“罪行”也都不能成立。

（1）指使薄一波、刘澜涛、安子文等六十一人“投降国民党、叛变共产党”的问题，已由中共中央一九七八年十二月十六日中发75号文件予以否定。

（2）一九三六年“勾结”蒋介石、陈立夫等，“阴谋消灭红军，取消红色政权”的问题。刘少奇同志作为党中央代表，于一九三六年初派人同南京国民党代表谈判联合抗日，是根据党中央的统一部署进行的。谈判过程和结果，党中央完全清楚。这根本不是什么同蒋介石、陈立夫的阴谋勾结。

（3）“与汉奸陈公博、周佛海勾结”的问题。抗日战争时期，新四军领导同志根据党中央“大力开展对敌伪政权上层分子的联络工作”的指示，曾派军部工作人员冯少白同志，利用亲戚关系，四次进入敌占区，进行分化、瓦解敌人的活动。冯于一九四一年第一次去敌区，在接受陈毅同志交给的任务后，行前曾请示过刘少奇同志。一九四二年以后冯再次去敌区时，刘少奇同志已离开新四军回延安。原审查报告把这件根据党中央指示进行的工作，说成是刘少奇同志“派遣投敌叛变分子冯少白作代表，与汉奸陈公博、周佛海勾结，向日寇乞降”，是蓄意篡改情节，颠倒是非。原中央专案组已于一九七八年十一月，给冯少白同志复查平反，撤销了原来诬称他是“投敌叛变分子”的结论。

（4）“和平民主新阶段”问题。从一九四五年八月抗日战争胜利到一九四六年一月国共两党签订停战协定期间，党中央、毛主席在一些文件、命令和社论中，已经指出国内形势的发展，进入了“和平发展的新阶段”“和平建国的新阶段”“和平民主新阶段”“和平改革与和平建设的新阶段”。刘少奇同志在一九四六年一月底主持起草的《中共中央关于目前形势与任务的指示》中，和二月一日在延安干部会上作的《时局问题的报告》中，提出“和平民主建国的新阶段”“和平民主的新阶段”，这同党中央、毛主席的提法是一致的。后来国民党撕毁停战协定，随着形势的发展，刘少奇同志也是同党中央一起改变了上述估计。对这件事，一九四六年七月，毛泽东同志在中央的一次小型会议上，用自我批评精神，代表中央总结过经验教训。本来，这是历史上早已解决了的问题，原审查报告又把它翻出来，作为刘少奇同志个人的罪名，是有意的陷害。

（5）通过孟用潜同司徒雷登“勾结”的问题，这是原专案组将孟用潜同志当作“相当大的美国特务”进行审讯时，靠逼供信搞出来的假口供，据中央有关主管部门证明，并无其事。

（6）“同美特王光美结合”的问题。这是妄加的罪名。经中共中央组织部复查，在一九七九年三月对王光美同志的历史已作出结论：王光美同志的政治历史清楚，没有问题。

（7）派王光琦去香港向美帝供给情报的问题。一九五三年香港的某特情提供假情报说：王光琦是美国中央情报局香港所属特务在大陆的重要情报来源。经公安部立案审查，已于一九五六年九月一日查明原情报是蒋特的反间计，即决定撤销对王光琦同志的怀疑。原专案组没有任何根据，即否定公安部早已销案的事实，仍依据原来的假情报给王光琦同志定罪，并说王是刘少奇同志派遣的，纯属政治陷害。

5　所谓“坚持走资本主义道路”问题

原审查报告还认定，刘少奇同志在全国解放后，犯有“坚持走资本主义道路，坚持资产阶级反动路线”，“阴谋颠覆无产阶级专政”，“破坏各国革命运动”等“罪行”，说他已经“成了党内反革命修正主义集团的总头目，资本主义复辟势力的总代表”。这是对历史的严重歪曲。实践证明，建国以后十七年，我们党坚持社会主义道路，坚持无产阶级专政，坚持共产党的领导，坚持马克思列宁主义、毛泽东思想。刘少奇同志作为党的主要领导人之一，自始至终参加了党中央的领导工作，同样是坚持了四项基本原则，并且是对于我国的社会主义革命和社会主义建设作出了重大贡献的。这期间，尽管我们党在工作中取得巨大成就的同时也犯过一些错误，刘少奇同志也犯过一些错误，但这些错误一般地都在党中央领导下，按照民主集中制的原则，通过批评和自我批评纠正了，根本不存在一个以刘少奇同志为首的“资产阶级司令部”，不存在一条以刘少奇同志为代表的“反革命修正主义路线”，不存在一个以刘少奇同志为“总头目”的“反革命修正主义集团”，不存在一个以刘少奇同志为“最大”的“党内走资本主义道路当权派”。“文化大革命”初期，派工作组到一些单位指导运动，是我们党多年来解决基层问题的一种做法，不存在一条由刘少奇同志制定和推行的“资产阶级反动路线”。

在外事活动方面，刘少奇同志一向是按照党的对外工作方针、路线行事的。所谓“破坏各国革命运动”，纯系罗织“罪名”。

根据以上复查结果，中共十一届五中全会认为，原审查报告给刘少奇同志强加的“叛徒、内奸、工贼”三大罪状，以及其他各种罪名，完全是林彪、江青、康生、陈伯达一伙的蓄意陷害。八届十二中全会据此作出“把刘少奇永远开除出党，撤销其党内外的一切职务”的决议是错误的。

刘少奇同志是伟大的马克思主义者，是为共产主义奋斗终生的无产阶级革命家。几十年来，他作为党和国家卓越的主要领导人之一，对我党的建设，对我国民主革命、社会主义革命与社会主义建设，都有不可磨灭的功绩。他对党和人民的事业是忠诚的。他把毕生精力贡献给了我国的无产阶级革命和建设的事业。

过去对于刘少奇同志的污蔑、诬陷、伪造的材料以及一切不实之词都应完全推倒。为此，中共十一届五中全会特作如下决议：

（一）撤销中发〔68〕152号文件（即八届十二中全会公报）中加给刘少奇同志的罪名和对他的处理决议，相应地撤销中发〔68〕155号文件（即原审查报告）。恢复刘少奇同志作为伟大的马克思主义者和无产阶级革命家、党和国家的主要领导人之一的名誉。

（二）在适当时间，由中共中央商同全国人大常委会，为前中共中央副主席、中华人民共和国主席刘少奇同志举行追悼会。

（三）过去因刘少奇同志问题受株连的人和事，都应当由有关主管部门实事求是地进行复查和澄清，凡属冤假错案，一律予以平反。

（四）中央这个决议和附件，发至基层党支部，并按照先党内、后党外的步骤，传达到全体党员和全国人民群众，以消除过去对刘少奇同志的错误处理所造成的影响。

图书在版编目（CIP）数据

刘少奇冤案始末 / 黄峥著. —北京：九州出版社，2011.12（2025.8重印）
ISBN 978-7-5108-1217-0

Ⅰ. ①刘… Ⅱ. ①黄… Ⅲ. ①刘少奇（1899～1969）—生平事迹 ②文化大革命—史料 Ⅳ. ①K827=7 ②D652

中国版本图书馆CIP数据核字（2011）第246338号

刘少奇冤案始末

作　　者	黄　峥　著
责任编辑	曹　环
出版发行	九州出版社
地　　址	北京市西城区阜外大街甲 35 号（100037）
发行电话	(010)68992190/3/5/6
网　　址	www.jiuzhoupress.com
印　　刷	北京捷迅佳彩印刷有限公司
开　　本	640 毫米 ×940 毫米　16 开
印　　张	15.25
字　　数	150 千字
版　　次	2012 年 1 月第 1 版
印　　次	2025 年 8 月第 3 次印刷
书　　号	ISBN 978-7-5108-1217-0
定　　价	35.00 元